www.ingramcontent.com/pod-product-compliance
Lightning Source LLC
LaVergne TN
LVHW020438070526
838199LV00063B/4782
* 9 7 8 9 3 5 8 7 2 0 6 3 1 *

ادبی تاثرات

(ڈاکٹر محی الدین قادری زورؔ کے کچھ مقدمے / تبصرے)

مرتب:

مرزا قدرت اللہ بیگ

© Taemeer Publications

Adabi Tassuraat *(Essays)*
by: Mirza Qudratullah Baig
Edition: June '2023
Publisher & Printer:
Taemeer Publications, Hyderabad.

ISBN 978-93-5872-063-1

مصنف یاناشر کی پیشگی اجازت کے بغیر اس کتاب کا کوئی بھی حصہ کسی بھی شکل میں بشمول ویب سائٹ پر اَپ لوڈنگ کے لیے استعمال نہ کیا جائے۔ نیز اس کتاب پر کسی بھی قسم کے تنازع کو نمٹانے کا اختیار صرف حیدرآباد (تلنگانہ) کی عدلیہ کو ہوگا۔

© تعمیر پبلی کیشنز

کتاب	:	**ادبی تاثرات**
مرتب	:	**مرزا قدرت اللہ بیگ**
صنف	:	غیر افسانوی ادب
ناشر	:	تعمیر پبلی کیشنز (حیدرآباد، انڈیا)
زیر اہتمام	:	تعمیر ویب ڈیولپمنٹ، حیدرآباد
سالِ اشاعت	:	۲۰۲۳ء
تعداد	:	(پرنٹ آن ڈیمانڈ)
طابع	:	تعمیر پبلی کیشنز، حیدرآباد – ۲۴
صفحات	:	۱۴۰
سرورق ڈیزائن	:	تعمیر ویب ڈیزائن

ادبی تاثرات

جناب ڈاکٹر سید محی الدین صاحب قادری زور

ایم ، اے ، پی ، ایچ ، ڈی (لندن)

پروفیسر اردو جامعہ عثمانیہ و

معتمد اعزازی ادارۂ ادبیات اردو

کے

چند مختصر مقدمے اور تبصرے جن میں اردو ادب کے

مختلف پہلوؤں پر بصیرت افروز پیرایہ میں روشنی

ڈالی گئی ہے

مرزا قدرت اللہ بیگ

ایم اے

سنہ ۱۹۴۰ء

فہرست مندرجات

صفحہ	مضمون	نمبر شمار	صفحہ	مضمون	نمبر شمار
۸۵	شعرائے عثمانیہ	۲۲	۵	دیباچۂ مرتب	۱
۸۸	سائنس کے کرشمے	۲۳	۱۶	حکایاتِ رومی	۲
۹۰	آب دوزا اور سرنگ	۲۴	۲۱	پریم سوگ	۳
۹۲	فنِ تقریر	۲۵	۲۵	شریلے بول	۴
۹۴	مصنوعی بیوی	۲۶	۳۱	یورپ میں ڈھکنی خلوطات	۵
۹۹	دنیائے افسانہ	۲۷	۳۴	معین سن	۶
۱۰۱	جیون چرتر	۲۸	۴۱	لالی منشور	۷
۱۰۳	اتباعِ اقبال	۲۹	۴۳	الخیام	۸
۱۰۵	کلیاتِ بحری	۳۰	۴۵	نمودِ زندگی	۹
۱۰۷	راشد الخیری	۳۱	۴۷	مکتوباتِ شاد	۱۰
۱۱۰	شیخ چاند	۳۲	۵۵	من کی دنیا	۱۱
۱۱۲	احسان دانش	۳۳	۵۷	بازیچۂ دنیا	۱۲
۱۱۶	دنیا کی کہانی	۳۴	۵۹	گریہ و تبسم	۱۳
۱۱۸	سیاحت نامہ	۳۵	۶۱	محمد حسین آزاد	۱۴
۱۲۲	داع	۳۶	۶۳	اعظم الامراء سلو جاہ	۱۵
۱۲۵	فلسفۂ عجیب	۳۷	۶۶	سرسالار جنگ اعظم	۱۶
۱۲۷	مکتوباتِ امجد	۳۸	۶۸	نواب عماد الملک	۱۷
۱۲۹	تمدنِ عتیق	۳۹	۷۱	نذرِ ولی	۱۸
۱۳۱	بریدِ ناہید	۴۰	۷۳	تاریخ ادبِ اردو	۱۹
۱۳۳	پریم رست	۴۱	۷۵	مرقعِ سخن جلدِ اول	۲۰
۱۳۵	محبت کی چھاؤں	۴۲	۸۲	مرقعِ سخن جلدِ دوم	۲۱

دیباچہ

جامعہ عثمانیہ کے مایۂ ناز سپوت اور اُستاد ڈاکٹر سید محی الدین صاحب قادری زور (ایم، اے، پی، ایچ، ڈی (لندن) ملک کے اُن افراد میں سے ہیں جنہوں نے اپنے کارناموں سے ہندوستان بھر میں نام پیدا کیا ہے۔ اُردو ادب کی جو خدمات ڈاکٹر صاحب نے کی ہیں اور کر رہے ہیں وہ بہ ہر نوع ایسی ہیں کہ جب تک دُنیا میں اُردو کا وجود رہے گا ڈاکٹر صاحب کا نام بھی باقی رہے گا۔ موصوف کی تصانیف بیسں سے زیادہ ہیں۔ مقدمات، مضامین، مقالے، اور تبصرے وغیرہ ان کے علاوہ ہیں۔ نہ صرف حیدرآباد بلکہ ہندوستان کے مصنفین و مؤلفین کی متعدد کتابوں کے ساتھ بھی ڈاکٹر صاحب کے مقدمے شایع ہو چکے ہیں۔ اور اِس طرح اَب تک چھوٹے اور بڑے مقدمات کی ایک خاصی تعداد ہو گئی ہے جن میں سے صرف چند مختصر مقدمے اِس مجموعے میں پیش کئے جا رہے ہیں۔

مقدمات اَدب کی جان ہیں۔ اُردو ادب پر کام کرتے کرتے اور تنقیدیں، تبصرے اور مقدمات لکھتے لکھتے ڈاکٹر صاحب کو اِس میں ایک ایسا مقام حاصل ہو گیا ہے جو موصوف ہی کا حصہ ہے۔ موصوف کے لکھے ہوئے مقدمات گوناگوں خوبیوں کے حامل ہوتے ہیں جن پر تفصیلی روشنی ڈالنے کے لئے یقیناً ایک

ضخیم کتاب درکار ہوگی۔ مجھے یقین ہے کہ جن ناظرین نے مقدمات کا مطالعہ کیا ہے وہ میری رائے سے اختلاف کرنے کی کوئی وجہ نہ پائیں گے۔ مقدمہ کی سب سے بڑی خوبی یہی ہے کہ جو کچھ نقد و بحث ہو دیانتدارانہ ہو، مقدمہ میں صرف تعریف ہی تعریف ہو تو اُسے مقدمہ نہیں قصیدہ کہنا چاہیئے۔ میں نے بعض اصحاب کے لکھے ایسے مقدمات بھی پڑھے ہیں جنھیں صرف قصیدہ ہی کہا جا سکتا ہے میں نہیں سمجھتا کہ کتاب پڑھ لینے کے بعد ایسے مقدمہ نگار کے متعلق ناظرین کیا رائے قائم کرتے ہوں گے۔

ڈاکٹر صاحب کے اکثر و بیشتر مقدمات کا میں نے اپنی بساط کے مطابق گہری نظر سے مطالعہ کیا ہے۔ ایسا معلوم ہوتا ہے کہ قدرت نے ادب کو سمجھنے اور کتاب پر صحیح نقطۂ نظر سے مقدمہ لکھنے کا ایک خاص سلیقہ موصوف کو عطا کیا ہے۔ وہ جانتے ہیں کہ کتاب کے کس حصہ پر زیادہ زور دیا جائے اور کونسا حصہ ناظرین کی رائے کے لئے چھوڑ دیا جائے۔ کہیں طائرانہ نظر ہے تو کہیں اس محققانہ انداز میں گہر افشانی کی گئی کہ خود صاحب کتاب کو بھی حیرت ہو۔ موقع بہ موقع مزید معلومات کے سامان بھی مہیا کر دئے جاتے ہیں۔ محاسن اور معائب دونوں پر روشنی ڈالتے ہیں۔ کسی کتاب کے محاسن دکھلانا بہت آسان کام ہے لیکن مصنف کو رنج پہنچائے بغیر معائب پر روشنی ڈالنے اور خامیوں کی طرف متوجہ کرنے میں بڑے بڑے ادیب بھی بعض اوقات ٹھوکر کھا جاتے ہیں لیکن ڈاکٹر صاحب جہاں خوبیوں کو واضح کرتے ہیں کچھ ایسے خلوص سے معائب کی طرف بھی اشارہ کر دیتے ہیں کہ اس میں حوصلہ افزائی کا رنگ تنقیدی پہلو پر غالب آجاتا ہے۔ گویا کونین پر شکر چڑھا کر حلق سے اتار دیتے ہیں کہ کھانے والے پر بار نہ گذرے

اور صحت کلی بھی حاصل ہو جائے۔ یہ خوبی بہت کم مقدمہ نگاروں میں پائی جاتی ہے اور یہی وہ مقام ہے جہاں مقدمہ نگاروں سے لغزش ہو جاتی ہے۔

ان مقدمات کے اسلوب پر کچھ لکھنا تحصیل حاصل ہے۔ ناظرین کو مقدمات اپنے لکھنے والے کے بلند پایہ علمی مذاق انشا پردازانہ کمال اور کہنہ مشقی کا خود بخود ثبوت دیں گے۔ ہر مقدمہ اور تبصرہ اس بات کا بین ثبوت ہے کہ ڈاکٹر صاحب لکھنے سے پہلے موضوع کتاب پر کافی عبور حاصل کر لیتے ہیں۔ پڑھنے والے خاص طور سے لطف اندوز ہوں گے جب دیکھیں گے کہ بعض مقدمات میں ڈاکٹر صاحب مواد کتاب کے ناقص ہونے کی طرف اشارہ کرتے ہوئے صاحبِ کتاب کی رہنمائی کرتے ہیں کہ فلاں فلاں جگہ سے اس بارے میں مزید مواد حاصل ہو سکتا ہے اور ظاہر ہے کہ یہ بات ایک سطحی مقدمہ نگار کے بس کی بات نہیں۔ مقدمہ 'حکایاتِ رومی' (مترجمہ مرزا عصمت اللہ بیگ صاحب) میں لکھتے ہیں۔

"مولانائے روم کی مثنوی ایک گنج شائگاں ہے جس کو کبھی زوال نہیں۔ یہ وہ "خم خانہ" ہے جو کبھی خالی نہیں ہوتا حالانکہ اس میں صدیوں سے "حریفوں" کی "بادہ خواری" جاری ہے۔ اور عجیب بات یہ ہے کہ ایک عجائب خانہ کی طرح یہ مثنوی ایسے ایسے عجائب و غرائب سے مالامال ہے کہ ہر ذوق کا آدمی اس سے مستفید ہوتا ہے کوئی خالی ہاتھ نہیں لوٹتا۔ اب یہ اپنی اپنی ہمت ہے۔ مرغ کو دانہ ملتا ہے اور ہنس کو موتی۔ اقبال جیسے مفکر جب اس دریائے مواج میں شناوری کرتے ہیں تو "فلسفۂ خودی"

نکال لاتے ہیں۔ سرمد جیسے صوفی جب اس کے مطالب و معانی کی تہہ تک پہنچتے ہیں تو "انا الحق" پکارنے لگتے ہیں اور "قال" کو چھوڑ کر جو لوگ "حال" کا ذوق بڑھاتے ہیں تو درویشوں کا ایک حلقہ بن جاتا ہے جو حلقۂ سیارگاں کی طرح سرگرم رقص رہتا ہے۔ غرض ہر شخص بقدرِ ذوق مستفید ہوتا ہے۔"

مقدمات "پریم سوگ" اور "سریلے بول" پڑھنے کے بعد آپ کو اعتراف کرنا پڑے گا کہ منشی پریم چند مرحوم اور عظمت اللہ خاں مرحوم کی زندگیوں کا جو نقشہ ڈاکٹر صاحب نے چند سطور میں کھینچا ہے اُس کی شرح کے لئے ایک ضخیم مقالہ درکار ہے۔ کم سے کم الفاظ میں زیادہ سے زیادہ باتیں بیان کر جانا تحریر کا وہ اعجاز ہے جو بہت سے کہنہ مشق ادیبوں کو بھی میسر نہیں۔

شاد عظیم آبادی کے خطوط پر ڈاکٹر صاحب نے جو مقدمہ تحریر کیا ہے اُس سے ظاہر ہو رہا ہے کہ انھوں نے شاد کی زندگی اور ان کے کام سے متعلق کس قدر زیادہ تحقیقی مواد فراہم کرلیا ہے۔ ڈاکٹر صاحب نے سب سے پہلا مقدمہ "مصنوعی بیوی" مترجمہ عباس حسین صاحب نظمی پر لکھا تھا۔ اور اس اہمیت کے مدنظر کہ یہ سب سے پہلا مقدمہ ہے اس مجموعہ میں شریک کیا گیا ہے۔ ڈاکٹر صاحب کے طویل مقدمے جو سراج سخن (مرتبہ پروفیسر سروری صاحب) ایمانِ سخن (مرتبۂ پروفیسر سید محمد صاحب) کلیات محمد قلی قطب شاہ، رسائل شاہ برہان الدین جانم، تذکرۂ گلزار ابراہیم وغیرہ جیسی متعدد کتابوں پر لکھے گئے ہیں اس مجموعہ میں شریک نہیں ہیں کیونکہ ان میں سے اکثر بجائے خود کتابیں ہیں۔ مقدمات کے بعد

مختصر تبصرے وغیرہ بھی شامل کئے گئے ہیں اور ڈاکٹر صاحب کی طویل تنقیدیں بھی جو جواہر سخن (مرتبہ ہندستانی اکیڈیمی) جیسی کتابوں پر لکھی گئی تھیں شریک نہیں کی گئیں۔ کیونکہ اِس کتاب کا مقصد ڈاکٹر صاحب کی تحقیقی و تنقیدی قوتوں کو پیش کرنا نہ تھا بلکہ اُدبی۔ اسی مناسبت سے اِس مجموعہ کا نام "اُدبی تاثرات" رکھا گیا ہے۔ ڈاکٹر صاحب کے تبصرے بھی ایک خاص معیار کے ہوتے ہیں: دُنیائے اَفسانہ' کلام اِحسان دانش' متاعِ اِقبال' راشد الخیری پر جو تبصرے ہیں اُن کے مطالعہ کے بعد ہی تبصرہ نگار کے پاکیزہ مذاق' وسعت نظر' اور بلند حوصلگی کا صحیح اندازہ ہو سکتا ہے۔

شیخ چاند مرحوم کی بے وقت موت پر ڈاکٹر صاحب کے جو تاثرات ہیں وہ مرحوم کی زندگی کا ایک ایسا خلاصہ ہیں جس کی نظیر نہیں مِل سکتی اور اُس کا لطف وہی اُٹھا سکتے ہیں جو مرحوم سے واقف ہوں۔

اِس قدر لکھ دینے کے بعد شاید یہ ظاہر کرنے کی ضرورت باقی نہیں رہی کہ اِس اُدبی ذخیرے کو مُرتب و شایع کرنے کی کیوں ضرورت محسوس ہوئی۔ مجھے تو اَفسوس بھی ہے اور خُوشی بھی۔ اَفسوس اِس لئے کہ اَب تک اِس قسم کے بکھرے ہوئے جواہر پاروں کو کیوں ایک جگہ شایع نہیں کیا گیا اور کیوں اُدبی دُنیا اِن سے محروم رہی۔ اور خُوش اِس لئے ہوں کہ یہ سعادت میرے حصہ میں آئی۔

اِس کی ترتیب و اِشاعت سے متعلق مجھے ڈاکٹر زور صاحب سے ایک شکایت ہے کہ جب میں نے اپنے اِرادہ کا اِظہار (آج سے تقریباً ایک سال قبل) کیا تو موصوف نے اپنی عادتی حوصلہ اَفزائی کے خلاف مجھے مایوس کر دیا۔ مواد دینا تو

ایک طرف اجازت سے بھی انکار کر دیا لیکن شکر ہے کہ میرا چھ ماہ کا مسلسل اصرار موصوف کے انکار پر غالب آیا۔ اور اس طرح جو تاخیر ہوئی وہ میرے لئے مفید ثابت ہوئی اور اس قدر کافی مقدمات میں نے جمع کر لئے کہ اُن کا انتخاب شکل ہو گیا۔ ساتھ ہی ایک اور مفید کام بھی انجام پا گیا یعنی یہ کہ ڈاکٹر صاحب کے مضامین جو ۱۹۲۴ء سے اب تک مختلف رسائل و اخبارات میں شایع ہوتے رہے ہیں اور کتب تصنیف و تالیف کردہ کی ایک فہرست تیار کر لی گئی جو ذیل میں ناظرین اور ادب کے طالب علموں کے افادے کی خاطر درج کی جاتی ہے۔ مجھے اس فہرست کے مکمل ہونے کا دعویٰ نہیں ہے لیکن میں کہہ سکتا ہوں کہ میں نے بساط بھر کوشش کر لی ہے۔ اس فہرست سے ناظرین کو یہ بھی اندازہ ہوگا کہ ڈاکٹر صاحب نے اب تک اردو ادب کی کیا کچھ خدمت کی ہے۔

مورخہ ۱۹/ دسمبر ۱۹۴۰ء
۷،۳۲۲۔ چنچل گوڑہ۔ ملک پیٹھ روڈ
حیدرآباد دکن

مرزا قدرت اللہ بیگ

اِس فہرست میں ڈاکٹر صاحب کے مقدموں، تنقیدوں، تقریظوں، ریڈیو کی اور دوسری تقریروں اور خاص رسالوں اور جلسوں کے لئے جو پیامات رَوانہ کئے گئے اور بعد کو اَخبارات و رسائل میں شایع ہوئے اُن کے نام درج ہنیں کئے گئے ہیں

۱۹۲۴ء

اُدبی تنقید	تحفہ	جولائی
طرز بیان		ستمبر
اُدبی تنقید (قسط دوم)		اکتوبر
فرانسیسی اُدبیات		نومبر
حُبِ وطن	اِرتقاء	نومبر، ڈسمبر
جامعہ عثمانیہ (نظم)	تحفہ	ڈسمبر

۱۹۲۵ء

تم	اِرتقا	جنوری
فرانسیسی اُدبیات (قسط دوم)	تحفہ	
حدیقۂ سنائی		فروری
تعصب		
طبقاتِ ناصری اور اُس کا مصنف	تحفہ	مارچ
اِنگلستان اور ارتقائے تعلیم	اِرتقا	اپریل
ہوریس اِسمتھ کی شاعری	تحفہ	
ابوالحسن تاناشاہ کی قبر		مئی
زندہ جاوید		ستمبر
رُوحِ تنقید	(کتاب)	

۱۹۲۶ء

اُردو کے اَسالیب بیان	سہیل	اپریل
تازیانہ	نگار	مئی
میر انیس کی شاعری پر ایک نظر	نیرنگ خیال	جون
میر انیس کی شاعری پر ایک نظر دوسری قسط	الناظر	جون
تازیانہ (دوسری قسط)	نگار	

میر کی مثنویاں	تحفہ	جولائی
غالب کی ذہنیت (دو اقساط)	نگار	اگست و ستمبر
اُردو کے اسالیب بیان (دوسری قسط)	سہیل	ستمبر
سرورِ کونین (نظم)	اِرتقا	اکتوبر
ایک وداعی ملاقات		
میر تقی میر اور خارجی حالات کی ترجمانی	نگار	نومبر
طلسم تقدیر	(کتاب)	
مشرب ناب	ہمایوں	نومبر

۱۹۲۷ء

حالی اور نثر اُردو	نگار	جنوری
آصف الدولہ کا شکار اور تبیر و سودا	زبان	
فارسی نثر کا آغاز اور ابو علی بلعمی	مجلۂ عثمانیہ	فروری
کلبہ کی خبریں	"	
اَدبیات اُردو اور تنقید نگاری	تجلی	اپریل
تبصرے	مجلۂ عثمانیہ	جون
اُردو کے پیغام گو شاعر (معہ تصویر ڈاکٹر صاحب)	زبان	جولائی
تنقیدی مقالات	(کتاب)	
فارسی اَدب کے ابتدائی گہوارے	تجلی	جولائی
تین شاعر	(کتاب)	
اَدبیاتِ ایران کا عہد زریں	نظر	ستمبر
اُردو کے اسالیب بیان	(کتاب)	
روح تنقید	(دوسری طباعت)	
غزنوی دَور کا آزاد اور ایرانی علم و فضل	تجلی	اکتوبر
طامس گرے کے کلام پر تنقیدی نظر	ہمایوں	
فسانۂ عجائب و باغ و بہار	نیرنگ خیال	ڈسمبر سالنامہ
محمود غزنوی کی بزم ادب	(کتاب)	

سنہ ۱۹۲۸ء

سلطان محمود غزنوی اور علم و فضل } نگار جنوری

واجد علی شاہ کے خطوط اکلیل محل کے نام } نظام گزٹ اپریل

کتب خانہ جات شاہان اودھ اور دکھنیات } تجلی اپریل

کرنل سیکنزی کا مجموعہ ادبیات مشرقی } " مئی

دیوان یقین نگار جون

بہرام گور دکھن میں مجلہ مکتبہ نومبر

شمالی اور دکنی اردو کی علٰحدگی } جامعہ ڈسمبر

سنہ ۱۹۲۹ء

گولکنڈے کا ایک قدیم ترین ادبی شہ کار } مجلہ مکتبہ اپریل

دکنی کا اثر شمالی ہند پر اردو

ابن نشاطی اور پھول بن معہ تصویر شاعر } مجلہ مکتبہ جولائی

دکنی مرثیے اڈنبرا میں جولائی

اردو شہ پارے (کتاب)

اردو انشا پردازی سالنامہ رہبر دکن ڈسمبر

اورنگ زیب اور تانا شاہ

شیطان مجلہ مکتبہ

سنہ ۱۹۳۰ء

ہندستانی فونیٹکس (کتاب انگریزی)

سنہ ۱۹۳۱ء

اخبار رنگین مجلہ عثمانیہ مارچ

گارساں دتاسی ہندستانی اپریل

افسانے مجلہ عثمانیہ جون

صوتیاتی تحقیقات مجلہ مکتبہ اکتوبر

اردو شاعری کا پہلا سرپرست شہزادہ } رہبر دکن ولی عہد نمبر

روح تنقید (تیسری طباعت)

سنہ ۱۹۳۲ء

حاتم کی مسلسل نظمیں مجلہ مکتبہ جنوری

ہندستانی کا آغاز مجلہ عثمانیہ جون

دہلی میں اردو شاعری کا آغاز ہندستانی جولائی

لسانیات — مجلہ مکتبہ — ستمبر

ہندستانی لسانیات (کتاب)

ہندستانی کا ارتقاء — ہندستانی — اکتوبر

تنقیدی مقالات (کتاب دوسرا ایڈیشن)

مثنوی قہوہ — مجلہ مکتبہ — نومبر

زبان اور سیاسیات — سالنامہ کاروان — ڈسمبر

اُردو کے اسالیب بیان (کتاب دوسرا ایڈیشن)

۱۹۳۳ء

لے کونت دے خوب تے نگ — ژورنل ایشیاٹیک (پیرس) — جولائی

میر حسن کی سحر البیان اور مرزا قتیل — مجلہ تحقیقات علمیہ — اکتوبر

چارکمان — حسن کار — اکتوبر

شہر حیدرآباد کا آغاز — نومبر

جامعہ عثمانیہ کے فرزندوں کی اُردو خدمات۔ — مجلہ عثمانیہ — "

ناموں کا اِرتقاء — سالگرہ نمبر منشور

حیدرآباد کی آبادیاں — رہبر دکن سالنامہ

۱۹۳۴ء

سالنامہ سٹی کالج (ترتیب معہ اداریہ)

سٹی کالج کی تربیت — سالنامہ سٹی کالج — اپریل

جواہر سخن پر ایک نظر — مجلہ عثمانیہ — جون

سٹی کالج کے بعض قدیم طلبہ — سالنامہ سٹی کالج — جولائی

اُردو مرثیوں کے ابتدائی گہوارے — مجلہ تحقیقات علمیہ — سالنامہ

حیدرآباد کی جدید اُردو مطبوعات — مجلہ عثمانیہ — اگسٹ

عہد عثمانی میں اردو کی ترقی (کتاب)

اُردو کا قدیم ترین معیاسخن — نظام گزٹ — اکٹوبر سالگرہ نمبر

اردو شاعروں کی بادشاہ پرستی — منشور — اکٹوبر

قدیم اُردو مناجاتیں — رہبر دکن

تذکرہ گلزار ابراہیم (ترتیب معہ مقدمہ)

حالی کی شخصیت اُن کے کارناموں میں — مقالہ یوم حالی

۱۹۳۵ء

فنِ انشاء پردازی (کتاب)

دکن کی اُردو شاعری (مقالہ ہندستانی اکیڈیمی)

ادبی مضامین　المُوسی

حیدرآباد کی جدید اردو مطبوعات　مجلہ عثمانیہ　مئی

مرقع سخن جلد اول　(ترتیب معہ مقدمہ)

متاعِ سخن

کیفِ سخن

بادۂ سخن

ڈاکٹر احمد حسین مائل کی شاعری　(برائے مرقع سخن جلد اول)

سید رضی الدین حسن کیفی 〃

نواب عزیز یار جنگ عزیز

اردو اور ہندوستان کی دوسری زبانیں (دو تقریریں)　آئینۂ ادب

لکھنو کی اردو خدمات　(مقالہ اورینٹل کانفرنس میسور)

۱۹۳۶ء

شعلۂ انتقام　المُوسی

حیدرآباد کی جدید اردو مطبوعات　مجلہ عثمانیہ　مارچ

فرزندانِ جامعہ عثمانیہ کے علمی و ادبی رجحانات اور اُن کا مستقبل　شہاب　اپریل

حیدرآباد کی جدید مطبوعات　مجلہ عثمانیہ　جون

مشک محل　شہاب　اکٹوبر

چھلم کی رقاصہ　نومبر

سیرِ گولکنڈہ　(کتاب)

ولی کا وطن　المُوسی

ولی کے قلمی نسخے

ہماری شاعری کا لفظی خزانہ　رہبرِ دکن　سالگرہ نمبر

بہاری لال رمز کی شاعری　(برائے مرقع سخن جلد دوم)

حفیظ الدین پاس 〃

مکہ مسجد　شہاب　ڈسمبر

۱۹۳۷ء

عہدِ عثمانی میں حیدرآباد کی اردو مطبوعات　مجلہ عثمانیہ　مارچ

مرقع سخن جلد دوم　(کتاب)

حیدرآباد کی جدید مطبوعات　مجلہ عثمانیہ　ستمبر

گولکنڈے کے ہیرے　(کتاب)

استاد کل حضرت فیض کا زمانہ　شہاب　اکٹوبر

نذرِ ولی　(ترتیب کتاب)

طلسمِ تقدیر　(کتاب دوسرا اڈیشن)

فیض سخن (کتاب مع مقدمہ)

استاد الاساتذہ حضرت فیض رہبر دکن سالگرہ نمبر

۱۹۳۷ء

اقبال کا اثر اردو شاعری پر مجلہ عثمانیہ جنوری

سب رس قطب شاہی سب رس 〃

حیدرآباد کا پہلا شاعر رہبر دکن سالگرہ نمبر

بیجاپور کا شاہی عاشور خانہ سب رس مارچ

اردو مرثیوں کا ارتقاء 〃

استاد کل حضرت سید شمس الدین محمد فیض ہندستانی اپریل

حیدرآباد ایجوکیشنل کانفرنس کی اردو خدمات۔ سب رس اگسٹ

سرگذشت ادارۂ ادبیات اردو 〃 ستمبر

خطبۂ صدارت یوم اقبال (اسمعیل کالج جوگیشوری بمبئی) اکتوبر

۱۹۳۹ء

گولکنڈے کی قطب شاہی سلطنت سب رس جنوری

روح غالب (کتاب)

عہد سلطان العلوم سے قبل کا آصفی ادب۔ مجلہ عثمانیہ اپریل

سرگذشت غالب (کتاب)

علامہ سرڈینی راس سب رس جنوری

گولکنڈے کے نئے قلعے میں ملا خیالی کی مسجد 〃 اگسٹ

بھاگ متی یا حیدر محل

مکتوبات شاد عظیم آبادی (ترتیب)

۱۹۴۰ء

شاہ سراج کا تکیہ اور عرس سب رس اپریل

سیر گولکنڈہ (کتاب دوسرا ایڈیشن)

آج کل کے اردو رسالے سب رس اگسٹ

تبصرے

عظمت اللہ خاں ستمبر

اردو کے اسالیب بیان (کتاب تیسرا ایڈیشن)

حیات محمد قلی قطب شاہ (کتاب)

روح تنقید (کتاب چوتھا ایڈیشن)

حکایاتِ رُومی

(مقدمہ "حکایات رومی" مترجمہ مولوی مرزا عصمت اللہ بیگ صاحب مطبوعہ ۱۹۴۲ء)

مولانا جلال الدین رومی فارسی کے اُن شاعروں میں سے ہیں جن کے کلام کی وجہ سے خود فارسی زبان کا پایہ بلند ہوگیا۔ وہ نہ صرف ایک برگزیدہ شاعر تھے بلکہ عالی مرتبہ مفکر بھی۔ چنانچہ دنیا کے مفکرین میں اُن کو ایک خاص درجہ حاصل ہے یہ تو شاعری اور فلسفہ کا ذکر تھا۔ تصوّف و عرفان کے لحاظ سے دیکھیے تو مولانائے رُوم کی ہستی اور بھی بلند مقام پر نظر آتی ہے۔ انکی "مثنوی" کے متعلق تو یہاں تک کہا گیا ہے کہ ع

ہست قرآن در زبان پہلوی

غرض جس معیار سے جانچیے جلال الدین رومی ایک خاص امتیاز کے مالک نظر آتے ہیں۔ وہ اُن چند ممتاز انسانوں میں سے ہیں جو گذشتہ ہزار ہا سال کے عرصے میں کبھی کبھی بطن گیتی سے نمودار ہوئے اور اپنے کارناموں کے ذریعہ سے زندگئی جاوداں حاصل کرلی۔ مولانائے روم کی مثنوی ایک گنجِ شائگاں ہے جس کو کبھی زوال نہیں۔ یہ وہ "خم خانہ" ہے جو کبھی خالی نہیں ہوتا، حالانکہ اس میں صدیوں سے "حریفوں" کی "بادہ خواری" جاری ہے۔ اور عجیب بات یہ ہے کہ ایک عجائب خانہ کی طرح یہ مثنوی ایسے ایسے عجائب و غرائب سے مالا مال ہے کہ ہر ذوق کا آدمی اس سے مستفید ہوتا ہے۔ کوئی خالی ہاتھ نہیں لوٹتا۔ اب یہ اپنی اپنی ہمت ہے۔ مرغ کو دانہ ملتا ہے اور ہنس کو موتی۔ اقبال جیسے مفکر جب اس دریائے مواج میں شناوری کرتے ہیں تو

"فلسفہ خودی" نکال لاتے ہیں۔ سرمد جیسے صوفی جب اُس کے مطالب و معانی کی تہ تک پہنچتے ہیں تو "انا الحق" پکارنے لگتے ہیں۔ اور "قال" کو چھوڑ کر جو لوگ "حال" کا ذوق بڑھاتے ہیں تو درویشوں کا ایک حلقہ بن جاتا ہے جو حلقۂ سیّارگاں کی طرح سرگرم رقص رہتا ہے۔ غرض ہر شخص بقدر ذوق مُستفید ہوتا ہے۔

مولوی مرزا عصمت اللہ بیگ صاحب نے بچّوں کے فائدے کی خاطر اس مثنوی کا مطالعہ کیا تو اُنھیں ایسی ایسی کام کی باتیں اور کہانیاں ہاتھ آئیں کہ اَدب اطفال کا بڑے سے بڑا ماہر بھی ششدر رہ جائے۔

مرزا صاحب نے مثنوی مولوی معنوی کا بڑا اچھا مطالعہ کیا ہے۔ اور مطالعہ کے دَوران میں جو کہانیاں اپنی مطلب کی نظر آئیں اُن کو اُردو میں قلمبند کرتے گئے اس طرح یہ مجموعہ مرتب ہوگیا جو اس وقت پیش نظر ہے۔ مولوی معنوی کا بیان کیا ہوا قصہ اور پھر مرزا عصمت اللہ بیگ کی اُردو! سچ تو یہ ہے کہ ان قصّوں کا لُطف دوبالا ہوگیا ہے۔ بچّوں کے لئے مضمون اور کہانیاں لکھتے لکھتے اور ریڈیو پر سُناتے سُناتے مرزا صاحب کے اُسلوب میں سلاست اور گھلاوٹ پیدا ہوگئی ہے۔ وہ بچّوں کی نفسی کیفیتوں سے بخوبی واقف ہیں اور زبان پر اچھی قدرت رکھتے ہیں۔ اس سے زیادہ اور کیا چاہیئے! ہر قصّے کے آخر میں اُنھوں نے مولوی معنوی کے ایسے دُو دُو چار چار شعر بھی دیدیئے ہیں جو اصل واقعہ کی جان ہیں اور ان شعروں کے نیچے اُردو ترجمہ بھی لکھدیا ہے۔ اِس طرح اصل ماخذ اور مقام کا بھی پتہ چل جاتا ہے۔ اور جو فارسی پڑھ یا سمجھ سکتے ہیں وہ فارسی کی اس شہکار مثنوی کے اصلی اَبیات سے بھی لُطف اندوز ہو سکتے ہیں۔

اُردو زبان میں دوسری زبانوں کے علمی و اَدبی شہکاروں کے ترجموں یا خلاصوں کی

ادبی تاثرات　حکایاتِ رُومی

بے حد کمی ہے اور اس قسم کی کوششوں کی قدر افزائی کی ضرورت ہے تاکہ اُردو ادب کا خزانہ دوسری زبانوں کے جواہر سے مالامال ہوسکے اور پڑھنے والوں کے لئے طرح طرح کے مضامین کثرت سے مل سکیں۔ تنوعِ زندگی اور ترقی کے لئے ضروری ہے اور علم و ادب میں تو اُس کی وجہ سے بڑی شگفتگی اور پہنائی پیدا ہوجاتی ہے۔

مرزا عصمت اللہ بیگ صاحب نے نہ صرف مولانائے رُوم کے قصّوں ہی کو اُردو میں منتقل کیا بلکہ ایک اور مفید اور اہم خدمت انجام دی ہے، اور یہ وہ خدمت ہے جو مولوی رُومی کے بڑے بڑے معتقدوں اور بلند پایہ محققوں سے بھی نہ ہوسکی تھی یعنی اُن کے حالاتِ زندگی اور اُن کے مقبرے کے متعلق دلچسپ اور ضروری معلومات کی فراہمی۔ خاص کر موخر الذکر موضوع پر تو اُردو ہی کیا کسی اور زبان یہاں تک کہ فارسی یا عربی میں بھی معلومات شایع نہیں ہوئی ہیں۔ اِس لئے میں مرزا صاحب کو رائے دونگا کہ وہ اپنے مقدمہ کو علٰحدہ کتابی صورت میں بھی شائع کریں۔

اِن نادر معلومات کے علاوہ مولانائے رُوم کی ایک قدیم تصویر کا عکس جو عالیجناب نواب سالار جنگ بہادر نے بکمالِ نوازش مرحمت فرمایا ہے اور اُن کے مقبرے کی تصویر بھی اس کتاب میں شریک ہے۔ یہ تصویریں تو پہلی دفعہ شایع ہو رہی ہیں، اور اُن کے مقبرے وغیرہ سے متعلق معلومات کے لئے اُردو دُنیا کو مولوی محمد سجاد مرزا صاحب ایم۔ اے پرنسپل ٹریننگ کالج کا مرہونِ منت ہونا چاہیئے۔ واقعہ یہ ہے کہ پُوری کتاب اُن ہی کی دلچسپی اور ہمت افزائی کا نتیجہ ہے۔ اُن کی مردم شناس نظروں نے مرزا عصمت اللہ بیگ جیسے جوہر کو پرکھ لیا، اور اُن کی ہمہ جہتی قابلیت سے ایسے مفید اَدبی کام کرائے ہیں، جو عنقریب ایک حد تک منصۂ شہود پر آجائیں گے۔ مرزا صاحب کا مجموعۂ نظم "کاک ٹیل"

اُن کے جِدّت پسندانہ ذوقِ سخن کا اچھا نمونہ ہے جو چھپ کر منظرِ عام پر آچکا ہے۔
مرزا صاحب کی طبیعت میں ایک خاص جدّت اور جودت ہے جو کبھی اُنھیں نچلا نہیں بیٹھنے دے گی۔ وہ ہر وقت سرگرمِ کار رہتے ہیں، اور اُن کا دماغ معمولی چیزوں اور پامال حالات و خیالات میں سے بھی نُدرت اور شگفتگی کو ڈھونڈھ نکالتا ہے۔ وہ اپنی تقریر اور تحریر دونوں میں ایسی پتے پتے کی باتیں بیان کر جاتے ہیں کہ پڑھنے یا سُننے والا لطف اندوز ہوئے بغیر نہیں رہ سکتا۔

مجھے یقین ہے کہ مرزا عصمت اللہ بیگ صاحب کی یہ کتاب یوں تو ہر اُردو داں کی نظر میں وقعت حاصل کرے گی، لیکن جو اصحابِ ذوق، اُردو میں بچوں کے اَدب کی افسوس ناک کمی کو شدّت سے محسوس کر رہے ہیں وہ ضرور اس کو ایک نعمتِ غیر مترقبہ سمجھیں گے۔

پریم سوگ

(مقدمہ پریم سوگ مرتبہ مولوی حسام الدین صاحب غوری مطبوعہ ۱۹۳۲ء)

پریم چند اُردو کے بہت بڑے ادیب تھے وہ اِس زبان کے اُن معدودے چند محسنوں میں سے ہیں جنھوں نے اپنی کوششوں کے ذریعہ سے اُردو کو دنیا کی دوسری ترقی یافتہ زبانوں کے پہلو بہ پہلو کھڑا کردیا اُردو قصّے گوناگوں تکلفات سے معمور تھے۔ پریم چند پہلے اَدیب ہیں جنھوں نے ہر قسم کے تصنع اور بناوٹ سے گریز کیا اور ایک ایسے اَدب کا اُردو میں اضافہ کیا جو اس زبان کے بولنے والوں کی زندگی اور معاشرت کا سچا آئینہ دار ہے۔

پریم چند سے پہلے کسی اُردو ادیب نے عوام کی زندگی اور دیہات کی معاشرت کا نقشہ اس خوبی اور بے تکلفی سے نہیں کھینچا تھا۔ مسائل حاضرہ اور ضروریات زمانہ سے وہ اچھی طرح باخبر تھے۔ اور اُن کے افسانے اور ناول اہنی جدید رُجحانات کی نمائندگی کرتے ہیں۔ وہ اپنے مقصد کے حصول کے لئے مانگے تانگے کے مسالے سے کام نہیں لیتے۔ اِنشاء پردازانہ قوت اور عبارت آرائی کے اِظہار سے زیادہ غریبوں اور امیروں مزدوروں اور سرمایہ داروں عورتوں اور مردوں کی اصلی زندگی کے ایسے نمونوں اور ان کے متضاد کردار کے ایسے پہلوؤں پر زور دیتے ہیں جن کا مطالعہ ہر طبقہ اور ہر استعداد کے پڑھنے والوں کے لئے دلچسپی کا باعث ہوتا ہے۔ نفسیاتی کیفیتوں اور فلسفیانہ مسائل کو اس سادگی اور پرکاری سے حل کرتے ہیں کہ سمجھنے والے داد دئے بغیر نہ رہ سکیں اور نہ سمجھنے والے اُن کو اپنی روزمرہ زندگی کے حالات اور

آئے دن کے معمولی واقعات ہی سمجھتے رہیں۔

پریم چند پہلے اُردو ادیب ہیں جنھوں نے اعلیٰ یا علمی طبقہ کو مخاطب کرنے کی جگہ عوام سے سروکار رکھا اور کیا تعجب ہے کہ اُن کا یہی کمال اُن کی قدر و منزلت میں رُکاوٹ کا باعث ہوا ہو۔ جب اہلِ اُردو نے اُن کی خاطر خواہ قدر نہ کی تو وہ اہلِ ہندی کی طرف متوجہ ہوئے۔ مگر یہاں اُردو اور ہندی کا سوال نہ تھا بلکہ وہ اہلِ ہند کے خیالات اور عوام کے ذوق کا سوال تھا۔ افسوس ہے کہ اہلِ ہند خواہ وہ اُردو پڑھتے ہوں یا ہندی ابھی اتنے بیدار نہیں ہوئے ہیں جو پریم چند کی پوری طرح قدر کر سکتے۔ مگر وہ زمانہ آرہا ہے جب پریم چند کی حقیقی عظمت بے نقاب ہوگی اور اہلِ اُردو و اہلِ ہندی دونوں اپنے اس محسن کی تحریروں کو سر آنکھوں پر رکھیں گے۔

اگرچہ منشی پریم چند نے بظاہر ایک مایوس زندگی بسر کی اور وہ آخر تک کشمکش حیات میں مبتلا رہے۔ مگر اُن سے بڑھ کر کامیاب ادبی زندگی عہدِ حاضر کے کسی اور ادیب کو شاید ہی نصیب ہوئی ہے۔ وہ ایک ایسا ادب چھوڑ گئے جس کی نظیر نہیں۔ اُنھوں نے اپنی ساری عمر ہندستانی ادب اور ہندستانی زبان کی بے لوث خدمت میں گذار دی۔ تقریباً تیس سال وہ اِس کوشش میں منہمک رہے۔

اُن کی زندگی محبت، خلوصِ عمل اور سادگی سے معمور تھی۔ اور اُن کی جملہ تحریروں میں بھی یہی خصوصیات نمایاں ہیں وہ تعصب سے پاک تھے۔

جس شخص میں محبت کا عنصر اتنا زیادہ ہو کہ اپنا اصل نام چھوڑ کر پریم چند نام رکھ لے تو اُس کے دل میں کینہ اور حسد کے جذبات کیونکر راہ پا سکتے ہیں۔

راقم الحروف کو پہلی دفعہ ۱۹۳۱ء میں منشی جی کی ملاقات کا شرف حاصل ہوا تھا

ادبی تاثرات پریم شوگی

اور حسن اتفاق سے کئی روز تک مسلسل تفصیلی ملاقاتیں رہیں۔ اس کے بعد اُن سے مراسلت ہوتی رہی اور آخری دفعہ ۱۹۳۵ء میں پھر ہندستانی اکیڈمی کی سالانہ کانفرنس کے سلسلے ہی میں الہ آباد میں ملاقاتیں رہیں۔ اس زمانہ میں ہندی اُردو کا جھگڑا شروع ہو چکا تھا۔ اور منشی پریم چند ایک حد تک مایوس نظر آرہے تھے۔

وہ بڑے آزاد خیال اور نڈر انسان تھے۔ اُنہوں نے مجھ سے متعدد طرفداران ہندی کی موجودگی میں اہلِ ہندی کی زیادتی اور اُن کے ساتھ ذاتی اختلاف آرا کا قصہ بیان کیا۔ ہنس میں مضامین جاری رکھنے کی خواہش کی اور کہا کہ ہم تو آخر تک اتحاد و اتفاق پر قائم رہیں گے اور اُردو ہندی دونوں کو ملا کر ایک زبان ہندستانی بنانے کی کوشش کریں گے۔

اُن کا لباس بہت معمولی اور سادہ ہوتا تھا۔ معلوم ہوتا ہے کہ وہ اس کی پروا نہ کرتے تھے۔ کبھی انگریزی وضع کا سوٹ پہنتے تھے اور کبھی شیروانی۔ چوڑی دار پاجامہ اور کشتی نما ٹوپی۔ ہندستانی اکیڈمی کی کانفرنسوں میں ہر روز نئی قسم کا لباس پہن کر آتے تھے۔ لیکن کسی وقت بھی اُن کے جسم پر قیمتی لباس نظر نہ آیا۔ وہ امیرانہ ٹھاٹھ کے خیالی اور عملی دونوں طرح سے مخالف تھے۔

افسوس ہے کہ وہ اس قدر جلد چل بسے۔ بظاہر یہ نہیں معلوم ہوتا تھا کہ وہ ایک آدھ سال ہی میں ہم سے جدا ہو جائیں گے۔ شاید یہ پریمی انسان اُردو اور ہندی کے بڑھتے ہوئے جھگڑوں کی تاب نہ لا سکا۔

محمد حسام الدین خاں صاحب غوری نے بڑا اچھا کیا کہ اُن کے حالات زندگی اور خصوصیاتِ تحریر کے متعلق یہ مختصر سی کتاب مرتب کر دی۔ یہ ایک تعارفی کوشش ہے

اور منشی پریم چند کے مکمل سوانح حیات کا پیش خیمہ سمجھی جا سکتی ہے۔ کیونکہ یہ یقینی ہے کہ اُردو اور ہندی دونوں زبانوں میں اِس محسن ادب کی نسبت آئندہ طویل سے طویل کتابیں ضرور لکھی جائیں گی۔

توقع ہے کہ یہ مخلصانہ کوشش ضرور مقبول ہو گی۔ اس کے مرتب نے منشی جی کی اکثر تحریروں کے مطالعہ کے بعد اِس کو مرتب کیا ہے۔

سُریلے بول

(دیباچہ سُریلے بول مرتبہ عظمت زبیدہ بیگم حنا۔ مطبوعہ سنہ ۱۹۴۰ء)

عظمت اللہ خاں مرحوم اُردو کے اُن چند شاعروں میں سے تھے جنھوں نے اپنے قلب و دماغ کی غیر معمولی قوتوں کی وجہ سے اُردو شاعری میں ایک نئے باب کا آغاز کیا۔ اُن سے پہلے محمد قلی قطب شاہ، ولی اورنگ آبادی، مظہر جان جاناں، میر تقی میر، نظیر اکبر آبادی، مرزا غالب، محمد حسین آزاد، اور الطاف حسین حالی کو یہ شرف حاصل ہو چکا تھا اور اُن کے ہم عصروں میں صرف اقبال اور جوش کو یہ سعادت نصیب ہوئی۔ لیکن اقبال اور جوش دونوں کو زمانہ نے اِتنا موقع دیا کہ وہ اپنی کوششوں کو دیر تک جاری رکھ سکے اور جو اُن کے سامنے ہی بارآور ہوئیں لیکن عظمت کی شاعری کا نیر اقبال پوری طرح طلوع بھی نہ ہونے پایا تھا کہ موت کے سیاہ بادلوں نے اُس کو اپنے اندر چھپا لیا۔ تاہم مختصر سے عرصہ میں عظمت مرحوم نے شعر و سخن کی جو کچھ بجلیاں چمکائیں وہ قدیم طرز سخن کی متوالی آنکھوں کو خیرہ کئے بغیر نہ رہیں۔

عظمت اللہ خاں ایک حساس اور دردمند شاعر اور صاحب ذوق ادیب ہونے کے علاوہ ایک اچھے مفکر اور اعلیٰ تعلیم یافتہ انسان بھی تھے۔ اِس لحاظ سے اُردو شعرا میں صرف علامہ اقبال مرحوم کو اُن پر فضیلت دی جا سکتی ہے۔ ورنہ قلب و دماغ کی اتنی وافر قوتیں اُردو کے دوسرے ادیبوں اور شاعروں میں شاذ و نادر ہی نظر آتی ہیں۔ تاریخ، فلسفہ، نفسیات، اور سیاسیات کی کتابوں کا مطالعہ اور درس و تدریس

اُدبی تاثرات سُریلے بول

عظمت مرحوم کا محبوب ترین مشغلہ تھا۔ وہ انگریزی اور اُردو ادب کا ایسا اچھا ذوق رکھتے تھے کہ اِس موضوع سے متعلق ان کے مضامین اعلیٰ پایہ اور معیاری تنقید نگاری کے بہترین نمونے سمجھے جا سکتے ہیں۔

اسلوب تحریر کے علاوہ اُن کا طرز گفتگو بھی اپنا دل کش تھا کہ اہل ذوق اُن کی صحبت سے کبھی سیر نہ ہونے پاتے تھے۔ دفتر ہو یا گھر، ہر جگہ صاحبانِ فضل و کمال اور طلبہ ان کو گھیرے رہتے تھے۔ وہ اگرچہ کسی کالج کے پروفیسر نہ تھے، لیکن کالجوں کے اکثر طلبہ اُن سے خانگی طور پر مستفید ہوتے رہتے تھے۔ اور وہ بھی لائق اور محنتی طالبعلموں کی بڑی قدر افزائی اور مدد کرتے رہتے تھے۔

حُسن اتفاق سے مجھے بھی اُن کے شریفانہ کردار کے مطالعہ کا موقع ملا تھا اور میں سمجھتا ہوں کہ میں نے اُن کے جیسے علم دوست بہت کم دیکھے ہیں۔ اعلیٰ قابلیت، ذاتی وجاہت، اور عہدہ دارانہ حیثیت کے ساتھ ساتھ دلی اخلاص اور سچی ہمدردی جتنی اُن میں نظر آئی کسی اور میں دکھائی نہ دی۔ اُن کی بڑی خوبی یہ تھی کہ دِلّی سے نکل کر اُنھوں نے حیدرآباد کو اپنا سچا وطن بنالیا تھا۔ وہ ان عہدہ داروں میں سے نہ تھے جو حیدرآباد صرف کمانے کے لئے آتے ہیں۔ اور اہل حیدرآباد کی طبعی مروت اور انتہائی سادگی سے بے جا فائدہ اُٹھانے کے باوجود اُن کو کسی کام کا اہل نہیں سمجھتے، اور اپنے دماغ سے اپنی برتری کا احساس کبھی دور نہیں ہونے دیتے۔

عظمت اللہ خاں مرحوم کی دردمند طبیعت ان کی اکثر نظموں میں بے نقاب نظر آتی ہے۔ چنانچہ اُنھوں نے ہندستانی عورت کو جو مظلومیت کا مجسمہ اور مرد کی ستم رانیاں کا اکثر شکار رہتی ہے اپنی شاعری کا اہم ترین موضوع بنایا۔ اور اِس موضوع پر جو

ادبی تاثرات سُریلے بول

نظمیں لکھیں اُن میں ایسی پتے پتے کی باتیں بتا گئے ہیں جن کی طرف اُن سے پہلے کسی اُردو شاعر نے توجہ نہ کی تھی۔ ہماری سماج کا یہ سب سے بڑا عیب ہے کہ مرد کی تمام تباہ کاریاں تو معاف کر دی جاتی ہیں اور یہ سمجھا جاتا ہے کہ ہر خرابی عورت کی طرف سے شروع ہوتی ہے۔ نقطۂ نگاہ کی یہی وہ غلطی ہے جس کی وجہ سے ہمارے اخلاق و عادات کو گھُن سا لگتا جا رہا ہے۔ ہر نوجوان لڑکا یہ سمجھتا ہے کہ اس کا سب سے بڑا کارنامہ یہ ہے کہ کسی نہ کسی طرح کسی شریف لڑکی کو اپنے جذبات کی بھینٹ چڑھائے۔ اور اِس مقصد کی خاطر وہ ایسے ایسے فریب اور اتنی ریاکاری سے کام لیتا ہے کہ ناتجربہ کار لڑکیاں دھوکے میں آجاتی ہیں، اور اس کے مصنوعی اظہار محبت پر یقین کر لیتی ہیں۔ ہر وہ نوجوان مرد قابل معافی سمجھا جاتا ہے جو شریف پردہ نشین لڑکیوں کو اپنی تاک جھانک کے ذریعہ سے یا دنیا بھر کے بدنما طریقے اِستعمال کر کے اپنی طرف مائل کرنا چاہتا ہے لیکن وہ لڑکی فوراً بے حیا اور بدتمیز اور نہ معلوم کیا کیا قرار دے دی جاتی ہے جس سے اگر کبھی سہواً بھی ایسی حرکت کیوں نہ سرزد ہوئی ہو۔ غرض عظمت مرحوم نے اِس موضوع پر بجائے اخلاقی اور ناصحانہ انداز میں خیال آرائی کرنے کے ایسا پیرایۂ بیان اختیار کیا ہے جو بہت موثر ہے۔ ان کی ایک نظم جس کے یہ ابتدائی دو بند ہیں بڑے بڑے واعظوں اور مصلحوں کی خطیبانہ تقریروں سے زیادہ اثر رکھتی ہے۔ ؎

نہ بھلے کی تھی نہ بُرے کی تھی مجھے کچھ جہاں کی خبر نہ تھی
تمہیں عشق کا ہی جو دھیان تھا تمہیں میری چاہ اگر نہ تھی
مرے حُسن کے لئے کیوں مرے نہیں لینے تھے تمہیں یوں مرے

بہت اپنی چاہ جتا جتا مرے دل کو موہ کے لے لیا
مرے واسطے یہ بہشت تھی تمہیں دل لگی تھی یہ کھیل تھا
مرے حُسن کے لئے کیوں مزے نہیں لینے تھے تمہیں یوں مرے

اِسی طرح اور چار نظمیں یعنے

(۱) وہ ہوں پھول جس کا پھل نہیں ہے
(۲) مجھے پیت کا یاں کوئی پھل نہ ملا
(۳) دام میں یاں نہ آئیے دل نہ یہاں لگائیے
(۴) تمہیں یاد ہو کہ نہ یاد ہو

اِسی موضوع کو پیش نظر رکھ کر لکھی گئی ہیں اور اُردو شاعری کا شاہ کار سمجھی جاتی ہیں اُن کی زبان کی شیرینی، تخیل کی بلندی، اسلوب کی گھلاوٹ اور مضامین کی حلاوت ایسی نہیں کہ کوئی اُن کو ایک بار پڑھے اور بار بار نہ پڑھنا چاہے۔ اگر عظمت مرحوم ان مذکورہ پانچ نظموں کے علاوہ اور کچھ نہ لکھتے تو بھی ان کا شمار اُردو کے اُن مخصوص شاعروں کی صفِ اول میں ہوتا جنھوں نے فطرت کی کامیاب ترجمانی کی ہے صرف یہی پانچ نظمیں اُردو کے ایسے سیکڑوں شاعروں کے ضخیم سے ضخیم دیوانوں پر بھی بھاری ہیں جنھوں نے شاعری محض قافیہ پیمائی کی خاطر کی اور جن کی غزلوں نے قوم کے نوجوانوں کے کثیف جذبات کو اُبھارنے کے سوائے اور کوئی اچھا کام انجام نہیں دیا۔

ان پانچ نظموں کے علاوہ برکھا رت کا پہلا مہینہ، وطن، موہنی مورت موہنے والی، پیارا پیارا گھر اپنا وغیرہ ایسی پاکیزہ نظمیں ہیں جو عظمت جیسے نازک خیال شاعر

ہی کے قلم سے نکل سکتی تھیں۔ اُن میں خیالات اور جذبات کے اظہار میں جو کاوش کی گئی ہے حد درجہ قابل داد ہے۔ انوکھی تشبیہوں کے استعمال میں تو اُن کو بڑا کمال حاصل تھا۔ اور ساتھ ہی لفظوں اور ترکیبوں کو وہ اس خوبی سے مصرعوں میں بٹھاتے تھے کہ اُن کی نظموں کا ہر بول سُریلا معلوم ہوتا ہے۔

اُن کی شاعری کی ایک اہم خصوصیت اُس کا سُریلا پن ہے۔ وہ ہندی عروض سے بہت زیادہ متاثر تھے اور اُنھوں نے اِس نقطۂ نظر سے شاعری کا گہرا مطالعہ کیا تھا شاعری کے عنوان سے اُن کا جو مضمون اِس مجموعہ میں شریک کیا جا رہا ہے اس کے مطالعہ سے معلوم ہوگا کہ فنِ عروض میں اُنھوں نے ایک اجتہادی شان حاصل کرلی تھی۔ اِس موضوع سے متعلق اُن کے خیالات اور نتائج پر کسی اور موقع پر بحث کی جائے گی۔ اِس وقت صرف اس واقعہ کا اظہار کافی ہے کہ امیر خسرو کے بعد اگر کسی اُردو شاعر نے عروض میں غیر معمولی جدتیں پیدا کیں تو وہ عظمت ہی تھے۔ اُن کی بعض نظموں کی بحریں اور شکلیں اُردو کے لئے نئی ہیں۔ اُنھوں نے نئے نئے ترکیب بند اختیار کئے۔ اور اپنی شاعری کو مطالب و معانی اور ترتیب و اسلوب دونوں کے لحاظ سے اُردو ادب میں ایک بالکل نئی سوغات بنا کر پیش کیا۔

اُردو میں ہندی لفظوں اور بحروں کا استعمال عظمت ہی کی شاعری کی وجہ سے مقبول ہوا۔ اُن سے پہلے اگرچہ نظیر اکبرآبادی نے بھی اس طرف کچھ توجہ کی تھی لیکن اُن کے کلام کے سوقیانہ حصے نے ان کی اِس خوبی کو نمایاں نہ ہونے دیا۔ لیکن عظمت نے اپنی پاکیزہ نظموں کے ذریعے اِس خصوصیت کو اِس خوبی سے چمکایا کہ آج کئی اُردو شاعر مثلاً جوش، حفیظ، ساغر، اور حامد اللہ افسر وغیرہ اُنہی کے رنگ میں

لکھکر مقبولیت حاصل کر رہے ہیں۔ واقعہ یہ ہے کہ عظمت اللہ خاں نے ایک ایسی شاہراہ بنادی جس پر اب آسانی سے ہر شاعر گامزن ہو سکتا ہے۔

عظمت اللہ خاں کی نظمیں جب پہلی دفعہ منظر عام پر آنے لگیں تو نوجوانوں کے علاوہ بعض پختہ مشق شاعروں پر بھی اُنکا اثر پڑنے لگا چنانچہ سلیم اور جوش سب سے پہلے ان سے متاثر ہوئے اور اگر یہ کہا جائے تو بیجا نہیں کہ سلیم نے جو آخر عمر میں پھر شاعری کی طرف توجہ کی اس کے اسباب میں سے ایک اہم وجہ عظمت اللہ خاں کی انہی ولولہ انگیز نظموں کی اِشاعت تھی، جن کو پڑھ کر اس بوڑھے اَدیب میں پھر سے جوانی کی ترنگیں موجزن ہوگئیں۔ حالانکہ سلیم نے برسہا سال سے شعر وسخن کا مشغلہ ترک کر دیا تھا۔

اَفسوس ہے کہ یہ رباب اِس قدر جلد ٹوٹ گیا۔ لیکن اُس سے جو نغمے پیدا ہوئے وہ دیر تک باقی رہیں گے۔ اور نئے نئے نغموں کی تخلیق کا باعث ہوں گے۔

جیسے جیسے زمانہ گذرتا جائے گا عظمت مرحوم کی شاعری کی صحیح عظمت بے نقاب ہوتی جائیگی۔ اور خاص کر عہد حاضر میں اُردو اور ہندی کو ملاکر ایک ہندستانی زبان بنانے کی جو کوششیں کیجارہی ہیں، وہ اگر کامیاب ہوگئیں تو عظمت کا کلام اس 'ہندستانی' کا قدیم ترین نمونہ سمجھا جائیگا، اور وہ اس قومی زبان کے اولین شاعر مانے جائینگے۔ یوں تو اب بھی اُنکے کلام کی ایک بڑی خوبی یہ ہے کہ اگر اسکو اُردو رسم الخط میں لکھا جائے تو اُردو ہے، اور اگر ناگری میں لکھا جائے تو ہندی۔ کیا تعجب ہے کہ ہندی ساہتیہ سمیلن جو آج قدیم دکنی شاعروں کے کلام کو ہندی رسم الخط میں چھاپ کر اپنے ادبی خزانہ میں اضافہ کر رہی ہے، کل عظمت مرحوم کے کلام کو بھی چھپوائے اور اس میں کوئی شک نہیں کہ یہ کلام ناگری رسم الخط میں منتقل ہونے کے بعد خود ہندی شاعری کو بھی مالامال کر دے گا۔

یورپ میں دکنی مخطوطات

(مقدمہ یورپ میں دکنی مخطوطات از نصیرالدین صاحب ہاشمی مطبوعہ ۱۹۳۲ء عیسوی)

وہ زمانہ گذر گیا جب کہ اردو ادب کی تہی مائگی کا خیال اُردو کے اکثر بہی خواہوں کے لئے باعثِ صد تاسف تھا۔ اور اُس کی برائی چاہنے والے اُس کے محدود موضوعات شاعری کا مضحکہ اُڑایا کرتے تھے۔ گذشتہ دس پندرہ برسوں نے ادبیاتِ اُردو کی تاریخ کو اِس قدر وسیع بلکہ غیر محدود بنا دیا ہے کہ اگر آج اُردو شعر و شاعری کے قدیم تذکرہ نویس زندہ ہو جائیں تو اپنے تذکروں کو خرافات سمجھیں۔ خاص کر شمس العلما مولوی محمد حسین آزاد کو اس کا بڑا افسوس ہوگا کہ انہوں نے جانکاہ کد و کاوش کے بعد آبِ حیات کا جو چشمہ تیار کیا تھا وہ محض سراب ثابت ہوا، اور اُن کے مرتبہ ادوار شاعری کسی پادر ہوا عمارت کی منزلوں کی طرح برباد ہو گئے۔ اب اگر اُن کی "آبِ حیات" زندہ رہ سکتی ہے تو محض اپنے لاثانی اُسلوب کے بل بوتے پر۔ ورنہ اُردو زبان اور ادب کے آغاز و اِرتقا پر انہوں نے اپنی اور اپنے عہد کی بساط معلومات کے مطابق جو کچھ تحریر فرمایا ہے وہ جدید تحقیقات و معلومات کے لحاظ سے آج ایک افسانہ سے زیادہ وقعت نہیں رکھتا۔ لیکن اس میں آزاد کا کوئی قصور نہ تھا۔ اُس زمانہ میں اس سے زیادہ کد و کاوش ممکن ہی نہ تھی اور آزاد نے جو کچھ لکھا اس سے بہتر اُن کا کوئی ہم عصر مصنف لکھ بھی نہ سکتا تھا۔

اُردو ادب کا سنگ بنیاد وَلی سے تین چار سو سال پہلے ہی رکھا جا چکا تھا اور اس عرصہ میں اس پر جو جو رفیع الشان تعمیر ہوئی اُس کے متعلقہ تذکروں سے ہندستان کا

اُدبی تاثرات یُورپ میں دَکنی مخطوطات

کوئی جدید ادبی رسالہ شاید ہی بچا ہو۔ کسی میں کوئی قدیم نامعلوم شاعر رُوشناس کرایا گیا ہے تو کہیں کسی قدیم کتاب کا ذکر ہے۔ اور پھر ایک دو نہیں متعدد فاضل اہل قلم قدیم اُردو اَدب کی تحقیق و تلاش اور بحث و مباحثہ میں مصروف ہیں۔ کوئی اپنے گھر بیٹھے کتابیں جمع کرنے اور اُن پر مقالے لکھنے میں مشغول ہے تو کوئی اِس مقصد کی خاطر دور دراز کا سفر اختیار کرتا ہے کہیں اَن کو مرتب و مدون کر کے شایع کرنے کی فکر کی جا رہی ہے تو کوئی اَن کے متعلق مقالہ لکھ کر جامعوں سے ڈگری حاصل کر رہا ہے۔ بغرض ایسا معلوم ہوتا ہے کہ امریکہ کے سونے کی کانوں کی طرح کوئی معدن مِل گیا ہے، جس کی طرف ہر نئے پرانے کی نظر لگی ہوئی ہے

اِن باہمت نظر بازوں میں مولوی نصیر الدین صاحب ہاشمی ایک مخصوص حیثیت رکھتے ہیں۔ اُن کی پہلی کتاب "دکن میں اُردو" ہماری زبان کی ابتدائی کتابوں اور مصنفوں کا غالباً پہلا تذکرہ ہے۔ دکنی ادب پر غور و خوض اور اُن کو عام اُردو دانوں میں رُوشناس کرنے کا ہاشمی صاحب کو اس درجہ شغف ہے کہ اگر وہ دفتر دیوانی فینانس میں ملازم نہ ہوتے تو میں سمجھتا کہ اَن کا پیشہ یہی ہے۔

یہی غیر معمولی انہماک تھا کہ اُنہوں نے یورپ جانے اور دکنی مخطوطوں پر کام کرنے کا موقع پیدا کر ہی لیا۔ ورنہ اَن کی ملازمت کی نوعیت اور اِس قسم کے کام کرنے کے اُمیدواروں کی کثرت کے مقابلہ میں بہت کم توقع تھی کہ حکومت اُنہیں یُورپ روانہ کرتی!

ہاشمی صاحب سرزمین دکن کے اُن نوجوانوں میں سے ہیں جو خاموشی کے ساتھ ہمیشہ سرگرم کار رہتے ہیں جب یہ حیدرآباد کے مایۂ ناز دارالعلوم کالج کے طالب علم تھے اُسی وقت سے اَن کا علمی و ادبی ذوق اُنہیں ہم چشموں میں ممتاز بنا رہا تھا۔ اپنے کالج کی انجمن "ثمرۃ الادب" کے معتمد تھے۔ اور اُسی زمانہ سے اپنے خاندان کے قابل

تعلیمد بزرگوں کی طرح تاریخ دکن سے خاص انہماک رکھتے تھے۔ اس موضوع پر بھی اُن کے مضامین شایع ہو چکے ہیں۔ اُن کی کتاب ''دکن میں اُردو'' اپنی قسم کی پہلی کتاب ہے۔ اس کی کماحقہ قدر دانی کی گئی۔ اور ملک کے مشہور علم دوست اور فاضل نواب سر امین جنگ بہادر نے اس کے متعلق جو رائے ظاہر فرمائی ہے وہ نوجوان مصنف کی خاص ہمت افزائی کا باعث ہوئی اور کوئی تعجب نہیں اگر اسی حوصلہ افزائی نے ہاشمی صاحب کو سعیٔ پیہم کی طرف مائل کیا ہو۔

اُن کی اس کتاب ''یورپ میں دکھنی مخطوطات'' کا موضوع کئی وجوہ سے اہم ہے۔ سب سے بڑی وجہ یہ ہے کہ اس کتاب میں جن کتابوں اور مصنفوں کی نسبت معلومات پیش کی گئی ہیں وہ اُردو زبان کے قدیم ترین کارنامے اور اساتذہ ہیں۔ اور یہ کارنامے اور اساتذہ اس لئے قابل وقعت ہیں کہ ان کے سوا آج سے دو سو برس پہلے کے اُردو لکھنے والوں یا اُردو کتابوں کا بہت کم پتہ چلتا ہے۔ اس میں کوئی شک نہیں کہ دکن کے علاوہ گجرات کا بھی قدیم کلام دستیاب ہوا ہے، مگر ایک تو وہ قلیل ہے اور دوسرے اس میں ادبی اور شعری عنصر کا ناقابل فروگذاشت فقدان ہے۔

دکن اور گجرات کے ابتدائی شہ کاروں کو نکال ڈالئے تو پھر تاریخ ادب اُردو میں شہنشاہ اورنگ زیب سے پہلے کے زمانہ کے لئے صفحات کے صفحات خالی چھوڑ دینے پڑیں گے۔ شمالی ہند اور خاص کر دوآبہ گنگ و جمن جو ہمیشہ تہذیب و تمدن اور علم و فن کا سرچشمہ رہا ہے اُردو کے لئے صدیوں تک بنجر ثابت ہوتا رہا۔ اس کے اسباب نہایت دلچسپ اور اہم ہیں میں نے اپنی مطبوعہ انگریزی کتاب ''ہندستانی صوتیات'' میں اس پر کچھ بحث کی ہے، اور اس کے علاوہ ہندوستانی اکیڈمی کی تیسری سالانہ کانفرنس میں

اس موضوع پر ایک تفصیلی پرچہ پڑھا ہے جو اکیڈیمی ہی کی جانب سے شائع ہو رہا ہے۔

یہاں صرف اس امر کی طرف اشارہ کرنا کافی ہے کہ شمال مغربی سرحد سے جو مسلمان ہندستان میں داخل ہوئے وہ پہلے پہل پنجاب میں آکر ٹھیرے۔ وہاں کے باشندوں کے میل جول سے جو نئی مشترکہ زبان پیدا ہوتی رہی اُسی کو لیکر وہ دوآبہ گنگ وجمن میں اُترے اور اُسی کو بولتے ہوئے دکن میں بھی داخل ہوئے۔

دوآبہ میں مسلمان فاتحوں کی لائی ہوئی زبان ابھی پختہ نہیں ہونے پائی تھی اور اُس دوآبہ کی خاص زبان برج بھاشا کا زیادہ اثر اُس پر نہیں پڑ سکا تھا کہ مسلمانوں نے جنوب کی طرف رُخ کیا اور اُن کا ایک بڑا سیلاب جو صلہ مند محمد تغلق کے ساتھ دہلی سے اُٹھا اور دکن میں جا کر رُک گیا۔ یہ فاتحین اپنے ساتھ جو زبان دکن میں لیتے آئے تھے وہ یہاں آزادنشو ونما حاصل کرنے لگی اور چونکہ برج بھاشا کے علاقہ سے دور جا پڑی تھی اس لئے اُس میں برج کا صرف وہی اثر باقی رہا جو برج کے علاقہ سے نکلنے سے پہلے اُس پر مستولی ہو چکا تھا۔

جو مسلمان دوآبہ ہی میں رہ گئے اُن کی خام ہندوی (جو شرقی پنجابی اور ہند ایرانی عناصر سے مرکب تھی) رفتہ رفتہ برج سے متاثر ہوتی گئی اور آخر کار اِس رنگ میں اتنی رنگی گئی کہ دو تین صدیوں ہی میں بول چال کے لئے برج بھاشا کی جانشین بن گئی۔

دکن کی زبان کی شمالی اُردو سے علیحدگی کے اسباب لسانی اور سیاسی دونوں قسم کے ہیں۔ اور یہ سب کتاب ''ہندستانی صوتیات'' میں مندرج ہیں یہاں دہرانے کی ضرورت نہیں۔ رہا یہ سوال کہ ہندستانی کی اِس آزاد شاخ میں آج سے دو سو برس

پہلے ادب کیوں لکھا گیا اور شمالی اردو میں کیوں نہیں لکھا گیا اس کا جواب ہمارے اس پرچہ میں ملے گا جو ہندستانی اکیڈیمی میں پڑھا گیا تھا۔ دکن میں اردو سرپرستی اور اردو ادب کی تاریخ میں نے "اردو شہ پارے" میں منضبط کر دی ہے۔ اور جا بجا ان مخطوطوں کے متعلق حوالے اور اشارے لکھ دیئے ہیں لیکن اس میں کوئی تفصیلی معلومات درج نہیں۔ یہ کام میرے موضوع سے باہر تھا۔ مگر اس پر کام کرنے کی سخت ضرورت تھی تاکہ اردو زبان پر تحقیق و تفتیش کرنے والے اپنے قدیم ادیبوں کے مسودوں اور مخطوطوں سے واقف ہو سکیں۔ اس کام کی اہمیت پر زیادہ لکھنا تحصیل حاصل ہے۔ اردو ہمیشہ شکرگزار رہے گی کہ نصیر الدین ہاشمی صاحب کے صحیح ذوق ادب نے اس کی تکمیل کر دی۔ چونکہ اس کام کی ضرورت اور خوبی سے میں پہلے ہی واقف ہو چکا تھا اور اس کی ترتیب و تشکیل میں آغاز کار ہی سے دلچسپی لیتا رہا ہوں اس لئے اس کی مدح سرائی کرنا مناسب نہیں سمجھتا مجھے یقین ہے کہ اس کے پڑھنے والے ایک سرسری نظر ہی میں اس کی اہمیت سے واقف ہو جائیں گے اور ہاشمی صاحب کی یہ کوشش اردو زبان کے جدید تحقیقی و تنقیدی کارناموں میں ایک بے نظیر جگہ حاصل کرے گی۔

اس ضخیم کتاب میں صرف یورپ کے مخطوطوں کا ذکر ہے۔ سرزمین دکن میں لکھی ہوئی وہ سیکڑوں بیش بہا کتابیں اس میں درج نہیں جو ہندوستان میں موجود ہیں۔ کیا ہی اچھا ہو اگر انجمن ترقی اردو، نواب سالار جنگ۔ آغا حیدر حسن اور حیدرآباد کے دوسرے امیروں اور عالموں کے کتب خانوں میں جو نایاب ذخیرے محفوظ ہیں انکے تذکرے بھی اسی تفصیل اور تحقیق کے ساتھ شائع ہو جائیں۔ اور اردو ادب کی تاریخ

کی تکمیل میں آسانی ہو۔

ہاشمی صاحب نے یورپ کے کتب خانوں میں جس دیدہ ریزی کے ساتھ مطالعہ کیا اور وہاں کے مطبوعہ اور غیر مطبوعہ کیٹلاگوں کی غلطیوں کی اصلاح کی اُن کا تفصیلی ذکر ان خطوط سے معلوم ہوگا جو وہاں کے اربابِ اقتدار نے اُن کے نام لکھے ہیں اور جن میں سے بعض اس کتاب میں اُنھوں نے شریک کئے ہیں میں اسی قدر کہوں گا کہ جو کچھ مطالعہ کیا اس کو نہایت خوش سلیقگی کے ساتھ قلم بند کر لیا ہے۔ اور بعض ناواقف حضرات کے اس خیال کو غلط ثابت کر دکھایا ہے کہ اُردو زبان و تاریخ ادب کی تحقیق و تفتیش کے لئے یورپ جانا لاحاصل ہے۔

یہ تو صرف دکن کے کارناموں کا تذکرہ ہے۔ شمالی ہند کے اُردو ادب کے متعلق بھی یورپ کے کتب خانوں میں اہم اور کمیاب مواد موجود ہے اور مجھے یقین ہے کہ جب تک اس سے مدد نہ لی جائے گی اُردو زبان و ادب کی کوئی تاریخ مکمل نہ ہو سکے گی۔

مُعین سخن

(مقدمہ مجموعۂ کلام نواب معین الدولہ بہادر مطبوعہ ۱۹۳۶ء)

نواب معین الدولہ بہادر معین ایک ایسے اعلیٰ پایہ خاندان کے چشم و چراغ ہیں جن کا تعارف کرانا آفتاب کو چراغ دکھانے کے برابر ہے۔ امرائے پائیگاہ اپنے فضل و کمال، شجاعت سپہ گری، نیک خلقی و راستبازی، اور ملک و مالک کی بہی خواہی کی وجہ سے دکن کی تاریخ میں ہمیشہ عزت کی نگاہوں سے دیکھے جائیں گے تیغ جنگ جیسے شجاعت مآب، فخر الدین خاں شمس الامرا جیسے ماہر ریاضی و ہندسہ، رفیع الدین خاں عمدۃ الملک جیسے مخیر اور صاحب دل، بدر الدین خاں معظم الملک تمیز جیسے شاعر و ادیب، رشید الدین خاں اقتدار الملک اور محی الدین خاں خورشید جاہ جیسے مدبر اور ریاست داں، ظہیر الدین خاں آسماں جاہ جیسے نیک نام بہی خواہ سلطنت، اور فضل الدین خاں وقار الامرا جیسے علم دوست صاحب ذوق اسی خاندان کے قابل فخر افراد ہیں۔ نواب معین الدولہ بہادر کو بھی اس دودمانِ رفیع الشان سے خوش خلقی، شجاعت، علم دوستی اور سخن پروری ورثہ میں حاصل ہوئی ہے۔

عجیب بات یہ ہے کہ نواب صاحب نظم اور نثر دونوں پر قادر ہیں۔ اُن کے شکارنامے اُردو ادب میں اپنی آپ نظیر ہیں۔ وہ جب شایع ہو کر منظر عام پر آجائیں گے تو دنیا کو معلوم ہوگا کہ ایک مشرقی امیر کبیر نے فن شکار میں کہاں تک کمال حاصل کیا ہے۔ اور اس کی زندگی کا یہ شعبہ یورپ و امریکہ کے بڑے سے بڑے شکاریوں کے مقابلہ میں بھی کم نتیجہ خیز ثابت نہیں ہوا۔ نواب معین نے نہایت سلیس اور شگفتہ اُردو میں اپنے سیر و شکار کے واقعات

قلمبند فرمائے ہیں اور چونکہ اُردو زبان میں اس قسم کے ادب کی قابل افسوس کمی ہے اسلئے نواب صاحب کے شکار نامے "معین شکار" ثابت ہوں گے اور خاص قدر و منزلت حاصل کرسکیں گے۔

نواب معین الدولہ بہادر کو بچپن ہی سے شعر و سخن سے شغف رہا۔ اعلیٰحضرت میر محبوب علیخاں غفراں مکاں کا عہد حکومت شعر و سخن کا گہوارہ رہا۔ اس زمانہ میں فصیح الملک نواب مرزا خاں داغ دہلوی کا رنگ حیدرآبادی شاعروں اور شعر و سخن کی محفلوں پر چھایا ہوا تھا۔ اور خود حضرت غفراں مکاں کا کلام ملک الکلام بھی اسی رنگ میں رنگا ہوا تھا۔ نواب صاحب نے بھی اپنی شاعری کا آغاز اسی مقبول عام طرز سے کیا۔ اور چونکہ یہ اسلوب اُن کی طبیعت کے مناسب بھی تھا اس لئے وہ برابر ترقی کرتا گیا اور اَب تو نواب صاحب نے اپنے رنگ تغزل میں ایک پختگی پیدا کرلی ہے۔

نواب معین نے زیادہ تر غزلگوئی کی طرف توجہ کی ہے۔ اور یہی وہ صنف سخن ہے جو آسان بھی ہے اور مشکل بھی۔ ہر مبتدی غزلگوئی ہی سے شاعری کا آغاز کرتا ہے۔ لیکن غزل میں اچھے شعر نکالنا اکثر پختہ مشق شاعروں کے لئے بھی مشکل ہے۔ اس کی وجہ ظاہر ہے کہ غزل میں ہر شعر آزاد اور مختلف معانی و مطالب کا حامل ہوتا ہے۔ دو مصرعوں کے اندر ایک پوری کیفیت یا جذبہ کو پیش کردینا دریا کو کوزہ میں بند کرنے سے کم نہیں۔ اور پھر کمال یہ ہے کہ کوئی لفظ بھرتی کا نہ ہو اور نہ اَدائی خیال کے لئے کوئی ضروری لفظ چھوٹنے پائے۔ غزل کا بہترین شعر صحیح معنوں میں جامع و مانع ہوتا ہے اور اس کمال کے ساتھ ہی اتنا سہل ممتنع کہ پڑھنے والا تو سمجھتا ہے کہ میں بھی ایسا لکھ سکتا ہوں لیکن جب لکھنے بیٹھتا ہے تو طرح طرح کی مشکلیں نظر آتی ہیں۔

بڑی حیرت ہوتی ہے جب "معین سخن" میں متعدد شعر ایسے نظر سے گذرتے ہیں جو صحیح معنوں میں غزل گوئی کا کمال ہیں اور سہل ممتنع اشعار کی بہترین مثال سمجھے جاسکتے ہیں مثلاً۔

ہر ادا آپ کی ہر ایک چلن دیکھ لیا　سادگی دیکھ لی بے ساختہ پن دیکھ لیا

عشق کا راز بھی کیا راز ہے اللہ اللہ　کوئی کافر اسے سمجھا نہ مسلماں سمجھا

کبھی نصیب تھے ہم کو بھی گل کے نظارے　کبھی چمن میں ہمارا بھی آشیانہ تھا

وہ مانیں گے ہماری بات تو مشکل سے مانیں گے　اگر یہ کام نکلے گا بھی تو مشکل سے نکلے گا

ناخدا کی بھی کچھ نہیں چلتی　مہرباں جب خدا نہیں ہوتا

مزہ کیا ہے اگر ہو بے اثر بات　کرے انساں سمجھ کر سوچ کر بات

اسی بشر کو خدائی میں جانئے کمیاب　جسے عروج ملے اور خاکسار رہے

آگیا دل اپنا جس پر آگیا　ہوگئی جس سے محبت ہوگئی

تو ہی جب بے رخی سے ملتا ہے　کون ہم سے خوشی سے ملتا ہے

کچھ تلون مزاج بھی ہے وہ　کچھ زمانے کا انقلاب بھی ہے

تمہاری نظر کا نہیں اعتبار　ابھی یہ ادھر سے اُدھر ہوگئی

نواب معین الدولہ بہادر کے کلام کی پہلی خصوصیت زبان کی شگفتگی اور پاکیزگی ہے اور دوسری سہل ممتنع کلام کی کثرت اور یہ دونوں خصوصیتیں اُن کے کلام میں خاص طور پر نمایاں ہیں۔ وہ صرف اپنے ذوق کی تکمیل کے لئے شاعری میں دلچسپی لیتے ہیں۔ کوئی پیشہ ور شاعر تو ہیں نہیں جو تکلفاتِ باردہ اور غیر ضروری مبالغہ آرائی سے کام لیکر اپنی استادی کا رعب ڈالنے کی کوشش کرتے۔ یہی وجہ ہے کہ نواب معین کی شاعری میں خود پسندی اور تعلی کا شائبہ تک نہیں۔ وہ جو کچھ لکھتے ہیں صحیح اور پاکیزہ زبان میں

ادبی تاثرات معین سخن

نکلتے ہیں۔ اور اُن کے اسلوب میں کہیں تعقید یا گنجلک نہیں پایا جاتا نہ تو اپنی زبان اور محاورہ پر گھمنڈ کرنے والے شاعروں کی طرح اُن کا دیوان زبان اور محاوروں کی فرہنگ ہے اور نہ قدرت بیان اور وسعت معلومات کا رعب گانٹھنے والے شعرا کی طرح اُن کے کلام میں فلسفیانہ اور علمی مسائل یا اَدق اور پیچیدہ ترکیبیں ہی موجود ہیں۔ اس لئے معین سخن میری نظروں میں ایک ایسا خوشبودار اور خوشرنگ گلدستہ ہے جس کو کسی اچھے صاحبِ ذوق نے بہترین اور سرسبز و شاداب باغوں اور چمن زاروں سے چُن کر اپنی پاکیزہ طبیعت اور لطیف ذوق کے مطابق تیار کیا ہو مجھے یقین ہے کہ اس کے دیکھنے والے اس کی رنگا رنگی، شگفتگی، اور لطافت سے لُطف اُٹھائیں گے اور اس کے مصنف کے پاکیزہ ذوق کی داد دیں گے۔

میں اُردو دُنیا کی طرف سے نواب معین الدولہ بہادر معین کی خدمت میں ہدیۂ تشکر پیش کرتا ہوں کہ اُنھوں نے معین سخن کی اشاعت سے اُردو ادب کی زیب و زینت میں خاطر خواہ اِضافہ کیا اور نہ صرف اپنے خاندان کی عظیم الشان روایتوں بلکہ اُردو کے قابلِ وقعت شعرا کی صف میں بھی ایک نمایاں جگہ حاصل کرلی۔

لآلیٔ منشور

(دیباچہ لآلی منشور از اکبر سہیل مطبوعہ ۱۹۴۰ء)

اُردو زبان میں کچھ عرصے سے اُفسانوی ادب کی طرف خاص توجہ کی جا رہی ہے اور ہر نوجوان ادیب اپنی کوششوں کا آغاز افسانہ نگاری ہی سے کرتا ہے. جس طرح شاعری میں شروع ہی سے غزل گوئی بڑی مقبول رہی ہے اور ہر شاعر نے اپنی شاعرانہ زندگی کا آغاز غزل گوئی ہی سے کیا ہے اُسی طرح آج کل افسانہ نگاروں کا حال ہے۔ اور عجیب بات ہے کہ جس طرح اصناف شعر میں غزل لکھنا سب سے آسان اور سب سے مشکل ہے اسی طرح نثر میں افسانہ لکھنا آسان بھی ہے اور مشکل بھی۔

ہر شخص غزل لکھ سکتا یا لکھ لیتا ہے لیکن اُس میں کمال حاصل کرنا ہر ایک کے بس کی بات نہیں ہے۔ اِسی لئے اب تک صرف چند ہی غزل گو اعلیٰ پایہ کے پیدا ہو سکے یہی حال افسانہ نگاروں کا بھی ہے۔ اُردو کے ہر رسالہ میں افسانے چھپتے ہیں اور اگر افسانہ نگاروں کی فہرست مرتب کی جائے تو غزل گویوں سے کم نہ ہوگی لیکن اچھے اُفسانہ لکھنے والے اب تک چند ہی پیدا ہوئے ہیں۔

زیرِ نظر کتاب بھی اُفسانوں اور ادب لطیف کے نمونوں کا مجموعہ ہے اور اِس کے مصنف مولوی اکبر حسین خاں صاحب سہیل ہیں۔ اُن کی تحریر میں مجھے زندگی اور شگفتگی کے آثار نظر آتے ہیں۔ اگر یہ مشق جاری رکھیں اور اپنی ہر تحریر پر بار بار نظرثانی کریں تو کوئی شبہ نہیں کہ اچھے افسانہ نگار بن جائیں گے۔

اِس مجموعے کے اکثر حصے رسائل میں بھی چھپ چکے ہیں۔ اور نوجوان مصنف نے اب اُن کو کتابی صورت میں شایع کیا ہے۔ یہ نیاز فتح پوری سے متاثر نظر آتے ہیں اور نیاز کی تقلید محمد حسین آزاد کی تقلید کی طرح بڑی حوصلہ شکن ثابت ہوتی ہے۔ عرصہ تک اِس رنگ میں لکھنے والا بھٹکتا رہتا ہے اور اگر اس میں ذوق سلیم نہ ہو تو وہ ہمیشہ بھٹکتا رہے گا۔

سہیل صاحب کے اسلوب میں بھی عربی اور فارسی کی بعض ترکیبیں دیکھ کر پہلے پہلے یہی خیال پیدا ہوتا ہے۔ لیکن یہ ذوق صحیح سے بے بہرہ نہیں ہیں اور اِسلئے میں نے اِس مجموعہ میں بعض باتیں ایسی دیکھی ہیں جن کی بنا پر میں کہہ سکتا ہوں کہ یہ نوجوان اہل ذوق آخر میں ضرور کامیاب ہوں گے۔

اِس کتاب میں زندگی کے بعض مسائل پر لطیف پیرایہ میں خیال آرائی کی گئی ہے اور اس کا مطالعہ فرصت کے اوقات کو اچھی طرح سے گذارنے میں معاون ثابت ہوگا۔ کتاب اچھی لکھی اور چھاپی گئی ہے اور اِس قسم کی کتابوں سے اُردو مطالعہ کرنے والوں کی تعداد میں اِضافہ ہو سکتا ہے۔ عہد حاضر میں اُردو کی سب سے بڑی کمی یہی ہے کہ اُس کے ادب کے خریدار کم ہوتے ہیں جس کی وجہ سے اُردو مطبوعات میں ترقی اور خوبی نہیں ہونے پاتی اِس لئے ہمیں ہر اس کتاب کی قدر کرنی چاہیئے جو اہل اُردو کو مطالعہ کی ترغیب دے اور اپنی زبان کی کتابوں کی طرف متوجہ کرے۔ اُردو کے اعلیٰ تعلیم یافتہ اصحاب جتنی دلچسپی انگریزی رسالوں اور کتابوں میں لیتے ہیں اگر اتنی ہی اُردو رسالوں اور کتابوں سے لینے لگیں تو اُردو کے دن پھر جائیں گے۔

الخیام

(مقدمہ الخیام از گورسرن لال صاحب آزاد توکلی مطبوعہ ۱۹۳۲ء)

رائے گورسرن لال صاحب آزاد توکلی ملک کے اُن چند مغتنم اصحاب سے ہیں جو قدیم تعلیم و تربیت اور تہذیب و شائستگی کی یادگار رہیں۔ اُن اصحاب میں مذہب و ملت کے اختلاف کے باوجود جو خلوص و یگانگت اور مروت و محبت پائی جاتی ہے، وہ ہمارے دور کے اعلیٰ سے اعلیٰ تعلیم یافتوں اور نام نہاد مہذب و شائستہ لوگوں میں نہیں پائی جاتی۔

آزاد صاحب نے جہاں سنسکرت کی تعلیم پائی فارسی کے بھی نہایت اچھے عالم ہیں ہندو فلسفہ کی واقفیت کے ساتھ ساتھ علوم اسلامی کے بھی ماہر ہیں۔ ایسے ہی افراد صحیح ہندوستانی قومیت کے نمونے اور مشترک تہذیب کے علمبردار سمجھے جا سکتے ہیں۔ وہ اردو کے اچھے شاعر ہیں۔ اور فارسی شاعری کا بھی گہرا مطالعہ کیا ہے۔ فارسی میں بھی شعر کہتے ہیں یہی وجہ ہے کہ انھوں نے عمر خیام کی منتخب رباعیوں کا اتنا کامیاب ترجمہ کیا ہے۔ ایک زبان کے ادب اور خاص کر شاعری کا ترجمہ دوسری زبان میں کرنا یوں بھی مشکل ہے۔ اور شاعری کا ترجمہ شاعری میں کرنا تو اور بھی دشوار ہے لیکن گورسرن لال صاحب آزاد کی ہمت اور قابلیت مستحق تحسین ہے کہ انھوں نے اس دشوار مرحلہ کو آسانی سے طے کر لیا۔ میں نے اُن کی اکثر رباعیاں دیکھیں اور مجھے اعتراف ہے کہ اُن کی محنت قابل داد اور اُن کی کامیابی قابل رشک ہے۔ ایسا اچھا ترجمہ وہی کر سکتا ہے جو پہلے تو اصل خیام کی رباعیوں کو پوری طرح سمجھ سکتا ہو اور دوسرے اپنی زبان پر پورا پورا

قابو رکھتا ہو۔

عمر خیام کا ترجمہ دنیا کی اکثر ترقی یافتہ زبانوں میں ہو چکا ہے اور اُردو میں بھی اِس سے قبل کوششیں کی گئی ہیں لیکن میں سمجھتا ہوں کہ اتنی کامیاب کوشش اور اتنی زیادہ رُباعیوں کا ترجمہ اب تک کسی نے نہیں کیا ہے۔ زبان اُردو قابلِ مبارکباد ہے کہ اس کے بولنے والوں میں اس پرفتن زمانے میں بھی ایسے محسن موجود ہیں اور حیدرآباد خوش قسمت ہے کہ یہاں عہدِ حاضر کی شر انگیزیوں کے باوجود خود ہندوؤں میں ایسے صاحبِ ذوق اور قابلِ قدر پرستارانِ اُردو موجود ہیں۔

نمودِ زندگی

(دیباچۂ عمومی مجموعۂ کلام سید علی منظور صاحب حیدر آبادی مطبوعہ ۱۹۴۰ء)!

سید علی منظور صاحب جدید حیدر آباد کے پختہ مشق اور مشہور شاعروں میں سے ہیں اور حضرت امجد کی طرح ان کی شاعری کی شہرت صرف اِس سرزمین میں محدود نہیں ہے ان کے کمال کے قدر دان دور دور پھیلے ہوئے ہیں۔ اُردو کا کوئی مشہور و مستند رسالہ ایسا نہیں جس میں آئے دن اُن کی غزلیں اور نظمیں نہ چھپتی ہوں۔ اور پھر یہ نظمیں ایک رسالہ سے دوسرے رسالہ میں نقل کی جاتی ہیں۔ ایک شاعر اس سے زیادہ اور چاہتا بھی کیا ہے۔ ہماری زبان کے شاعروں کو تو یہ بھی نصیب نہیں ہوتا!

منظور کی مقبولیت کا سب سے بڑا راز اُن کی سادگی و پرکاری ہے۔ لیکن یہ پرکاری اکثر معصومیت کے پردے میں چھپی رہتی ہے۔ جس کی وجہ سے یہ خیال پیدا ہونے لگتا ہے کہ اس کلام کا ایک حصہ "دندانِ تو جملہ در دہان اند" جیسے معصوم و سادہ عنصر پر مشتمل ہوگا۔ لیکن ظاہر بینوں کو کیا معلوم کہ اس خاموش سمندر کی سطح کے نیچے ایک دُنیا مَوجزن آباد ہے؟

زندگی کی ترجمانی شاعر اور ادیب کا سب سے پہلا مقصد ہوتا ہے۔ لیکن کتنے اُردو شاعروں نے اُس اساسی مقصد کا خیال رکھا؟ اور جنھوں نے خیال رکھا اُن میں سے کتنے ہیں جنھوں نے کامیابی حاصل کی؟ علی منظور عہدِ حاضر کے اُن چند کامیاب شاعروں میں سے ہیں جنھوں گے اپنے کلام میں اس مقصد کو پیش نظر رکھا۔

اَدبی تاثرات نمودِ زندگی

اور اُس میں کامیابی بھی حاصل کی۔

اُردو شاعری کا جدید رجحان انقلابی قسم کی شاعری کی طرف بڑھ رہا ہے۔ لیکن اِس رجحان کے مطابق جو نوجوان شاعری کر رہے ہیں اُن میں سے اکثر جوش وجذبہ میں آپے سے باہر ہوئے جارہے ہیں۔ اُن کی حالت مجذوبوں جیسی ہوتی جارہی ہے۔ لیکن علی منظور جذبات کی رَو میں بہنا نہیں چاہتے۔ بلکہ جذبات کو اپنے قابو میں رکھ کر ایک پختہ گام سالک کی طرح آگے بڑھ رہے ہیں، اور اپنے ساتھ اپنے کلام کا مطالعہ کرنے والوں کو بھی لئے جارہے ہیں۔ یہی وجہ ہے کہ اُن کی شاعری نوجوانوں کے کلام کی طرح "مجذوب کی بڑ" نہیں معلوم ہوتی۔ وہ جو کچھ کہتے ہیں خود بھی سمجھتے ہیں اور دوسروں کو بھی سمجھنے کا موقع دیتے ہیں یہ ایک فیض جاری ہے جو رہتی دُنیا تک باقی رہے گا۔ اور عہدِ حاضر کی سیاسی و معاشی کش مکش کے بعد بھی اُس کا اثر زائل نہ ہوسکے گا۔ زمانہ سب سے بہترین کسوٹی ہے۔ اور وہی شاعر یا ادیب زندۂ جاوید ہے جس کے کارنامے اِس کسوٹی پر کسے جانے کے بعد بھی اپنی چمک دمک اور قدر و قیمت کو باقی رکھ سکیں گے۔

مکتوباتِ شاد

(مقدمہ مکتوباتِ شاد عظیم آبادی مطبوعہ سنہ ۱۹۴۰ء)

شاؔد عظیم آبادی کا نام اُردو دُنیا میں محتاجِ تعارف نہیں ہے۔ وہ ہماری زبان کے ایک بہت بڑے شاعر تھے۔ شاعری کے علاوہ تصنیف و تالیف اور فضل و کمال کی وجہ سے بھی اُن کو ایک خاص اہمیت حاصل تھی۔ اُن کے شاعرانہ کمال اور تبحرِ علمی کی اگرچہ اُن کی زندگی میں اُن کے حوصلے کے مطابق قدر نہیں کی گئی لیکن جوں جوں زمانہ گذرتا جاتا ہے یہ مُردہ پرست دنیا اُن کے کارناموں کی صحیح عظمت سے واقف ہوتی جارہی ہے۔ یہی وجہ ہے کہ عظیم آباد سے سیکڑوں میل دور حیدرآباد کے ادارۂ ادبیاتِ اُردو نے اُن کے رشحاتِ قلم کو محفوظ کرلے اور آہستہ آہستہ شائع کرنے کا بیڑا اٹھایا ہے اور یہ سعادت راقم الحروف کے نصیب میں لکھی تھی کہ حضرتِ شاؔد جیسے باکمال محسنِ اُردو کے بلند پایہ خطوط کو مرتب کر کے اِشاعت کے قابل بنائے۔

شاؔد کے حالاتِ زندگی ایک چھوٹی سی کتاب "گلشنِ حیات" (سنہ ۱۳۴۲ھ) میں اُنہی کے ایک شاگرد سیّد معین الدین احمد قیسؔ رضوی عظیم آبادی نے شائع کئے تھے جس کے دوسرے ایڈیشن کا ایک ایسا نسخہ میرے پیشِ نظر ہے۔ جس میں جگہ جگہ خود حضرتِ شاؔد نے اپنے قلم سے نوٹ[1] لکھے ہیں۔ شاد کی شاعری سے متعلق بھی

---

[1] خلاصہ ۱۳ پر جہاں شاؔد کے اُستاد نواب جعفر حسن خاں فیضؔ کا ذکر ہے اُس جگہ حاشیہ پر لکھا ہے۔

(بقیہ برصفحۂ آئندہ)

ادبی تاثرات مکتوباتِ شاد

اِس عرصہ میں بہت کچھ لکھا جا چکا ہے۔ سب سے پہلے مولنا سید سلیمان ندوی نے "کلام شاد حصہ اوّل" (۱۳۴۱ھ) کے مقدمہ میں نہایت جچی تلی اور بے لاگ رائے ظاہر کی اور بالکل صحیح لکھا ہے کہ:-

"شاد کی شاعری حُسن وعشق کے عامیانہ اور سوقیانہ اندازِ بیان سے تمام تر پاک ہے۔ پاکبازانہ حُسن وعشق، رزم وبزم کی دلکش روداد کے علاوہ ان کی شاعری میں اخلاق، فلسفہ، تصوف، اور توحید کا عنصر بہت زیادہ ہے۔ غزل گوئی کے لحاظ سے شاد میں میر کے بہت سے انداز پائے جاتے ہیں۔ حُسن وعشق کی داستاں سرائی میں وہی سادگی اور متانت ہے۔ چھوٹے چھوٹے الفاظ میں سادہ ترکیبیں ہیں، بیان میں وہی رقت ہے۔ میر ہی کے اوزان وبحور ہیں، وہی اندازِ کلام ہے، وہی فقیرانہ صدا ہے، اِسلئے شاد کو اِس دورِ سخن کا میر کہا جائے تو بالکل بجا ہے۔" (صفحہ ۴)

یہ تو شاد کے کلام کے متعلق ۱۷ سال قبل لکھا گیا تھا۔ لیکن اب کہ میں یہ خطوط مرتب کر رہا ہوں رسالۂ شاہکار، لاہور بابت ستمبر ۱۹۳۹ء میں ایک مضمون مولوی سید عابد علی صاحب ایم۔ اے۔ ایل ایل بی کا شائع ہوا ہے جو اصل میں حیات شاد

(بقیہ حاشیہ صفحہ گذشتہ) "اصل یوں ہے کہ میں نے بجز حضرت فریاد علیہ الرحمہ کے کسی سے اصلاح نہیں لی۔ علم شاعری کا جو کچھ مادہ حاصل ہوا حضرت ہی کا فیض ہے۔ دیکھو میرے تصانیف کو۔ راقم شاد عفی عنہ۔" یا ایک جگہ صفحہ ۹ میر انیس کے سلام سے ٹپک ہو چلی تھی تراز دئے شعر۔ مگر ہم نے پاگراں کر دیا کے حاشیہ پر لکھا ہے کہ یہ سلام میر صاحب نے عظیم آباد میں کہا تھا۔ میں بھی حاضر تھا اور شعروں کو لکھتا جاتا تھا۔ راقم سید علی محمد شاد۔"

عظیم آبادی کا ایک ٹکڑا معلوم ہوتا ہے۔ اور جس انداز میں یہ لکھا گیا ہے اُس سے پتہ چلتا ہے کہ مضمون نگار شاد مرحوم کے بارے میں اچھی تلاش و تحقیق کر رہے ہیں انھوں نے بہت سی بحثیں ایسی چھیڑی ہیں جو معلومات کی کمی کی وجہ سے تشنہ رہ گئی ہیں یقین ہے کہ وہ اِن مکتوباتِ شاد کی اشاعت کے بعد شاد کے متعلق ایک مکمل و مبسوط کتاب تیار کر سکیں گے۔ اُن کے اِس مضمون کو دیکھنے کے بعد راقم الحروف نے حیاتِ شاد لکھنے کا ارادہ ترک کر دیا ورنہ اتفاق سے اِدارۂ اُدبیاتِ اُردو میں ایسا سواد محفوظ ہو گیا ہے جو اِس کام کی تکمیل میں بڑا ممد و معاون ہوتا۔

شاد جنوری ۱۸۴۶ء میں پیدا ہوئے اور ٹھیک اکیاسی سال کی عمر میں جنوری ۱۹۲۷ء میں انتقال کیا۔[۱]

اُن کے جو خطوط اِس وقت شایع کئے جا رہے ہیں اُن کی مراسلت پچاس سال کی عمر سے شروع ہوتی ہے اور اُن کے انتقال کے زمانہ تک جاری رہتی ہے اِس مجموعہ کا پہلا خط ۲ جولائی ۱۸۹۶ء کو لکھا گیا تھا جب شاد کی عمر پچاس سال سات ماہ کی تھی۔ اور آخری خط ۱۸ دسمبر ۱۹۲۶ء کو لکھا گیا جس کے بعد شاد صرف دو ہفتے ہی زندہ رہے۔ تیس سال کی مدت اچھی خاصی ہوتی ہے۔

اور سچ تو یہ ہے کہ یہ زمانہ شاد کی زندگی کے بہترین حصہ پر مشتمل تھا۔ جب کہ وہ

---

[۱] اتفاق کی بات ہے کہ شاد نے اپنے ایک خط مورخہ ۲۴ فروری ۱۹۲۵ء میں پیشین گوئی کی تھی کہ: "ڈیڑھ برس کی ابھی اور حیات باقی ہے" (دیکھو صفحہ ۲۲۵) لیکن وہ اپنے اندازے سے چار پانچ ماہ زیادہ زندہ رہے۔ ۱۲

تحصیل و اکتساب کی منزل سے گذر کر فیض بخشی اور صاحب کمالی کے مرتبہ کو پہنچ چکے تھے۔

یہ تمام خطوط سید ہمایوں مرزا (بیرسٹر) مرحوم یا اُن کی رفیقِ حیات صغریٰ بیگم کے نام لکھے گئے ہیں۔ صرف ایک خط یعنے نمبر (۵۹) احمد علی خاں صاحب کے نام ہے، جس کو خود شاد نے ہمایوں مرزا صاحب کے یہاں روانہ کر دیا تھا۔ ہمایوں مرزا حضرت شاد کے اُستاد حضرت فریاد کے اکلوتے فرزند اور اُن کے بڑے غمگسار و مددگار دوست تھے۔ ان خطوں کے مطالعہ سے معلوم ہوگا کہ اُنھوں نے موقع بموقع شاد کی رقمی امداد کی ہے۔ اور آخر عمر میں اُن کے سوا شاد کا کوئی مددگار معاون اور بے تکلف دوست نہیں رہا تھا۔ اسی لئے اُن کے نام جس بے تکلفی اور آزادی کے ساتھ اُنھوں نے خط لکھے ہیں شاید ہی کسی کو لکھے ہوں۔ یہی وجہ ہے کہ بعض جگہ اپنی طبعی خودداری اور آن بان کا بھی خیال نہیں رکھا ہے۔ ایک جگہ لکھتے ہیں:۔

> "سب سے بڑھ کر میرے لئے آپ ہیں۔ بخدا میں اپنی حالت بھائی اور بیٹے پر تمام ظاہر نہیں کر سکتا اِلّا آپ پر۔ چاہے کامیابی ہو نہ ہو میرے لئے کوئی ذلت نہیں ہے۔ میں نہیں جانتا کس شخص نے میرے داماد سید جعفر صاحب کو لکھیم پور میں میری ان دنوں کی تکلیف کا حال لکھ بھیجا تھا۔ اُنہوں نے تین سو روپے میرے پاس بلا اظہار کسی اَمر کے بھیج دیئے۔ اِس قدر رنج ہوا کہ کھانا نہ کھایا گیا۔ روپے واپس کئے اور لکھا کہ آپ نے مجھ کو فقیر بے حیا سمجھا۔ آئندہ پھر ایسا نہ کیجئے گا" (خط نمبر ۵۲ صفحہ ۲۲۳)

خطوط کی فہرست دیکھنے سے معلوم ہوگا کہ ۱۹۲۳ء یعنے انتقال سے پانچ سال پیشتر سے ہمایوں میرزا مرحوم سے اُن کی مراسلت بہت زیادہ ہوگئی تھی کیونکہ

وہ اپنے اُستاد کی سوانح عمری کی تکمیل میں محو ہو گئے تھے اور اس کام کو اپنا مقدس فریضہ سمجھتے تھے۔ یہ عجیب بات ہے کہ (جیسا اُنھوں نے اپنے کئی خطوں میں لکھا ہے[1]) وہ اس کتاب کو ختم کرنے سے پہلے مرنا نہیں چاہتے تھے۔ اور اُن کی اس قوتِ ارادی نے اُس کے تکملہ تک زندہ رہنے میں اُن کی بڑی مدد کی۔ چنانچہ دس نومبر ۱۹۲۶ء کو اُنھوں نے اس کا کام ختم کیا اور ۱۸ر ڈسمبر ۱۹۲۶ء کو اس کے بارے میں آخری خط لکھا اور جنوری ۱۹۲۷ء میں انتقال کر گئے۔ ایسا معلوم ہوتا ہے کہ قدرت ہر شخص کو ایک خاص کام اور مقصد کی تکمیل تک زندہ رکھنا چاہتی ہے اور جب وہ تکمیل ہو جاتا ہے تو اُس شخص کی قوتِ ارادی بھی ختم ہونے لگتی ہے۔ البتہ شادؔ مرحوم کے دل میں ”حیاتِ فریاد“ کو چھپا ہوا دیکھنے کی حسرت ضرور باقی رہ گئی کیونکہ یہ کتاب اُن کی وفات کے بعد اُن کے فرزند سیّد علی حسین خاں صاحب کی کوشش اور مولٰنا سیّد سلیمان ندوی کے اہتمام سے شایع ہوئی۔ اس کے دیباچہ میں حضرت شادؔ کے فرزند نے اُن کی تصنیفات کے بارے میں لکھا ہے کہ:

”حضرت والد مرحوم نے اپنی غیر مطبع تالیفات و تصنیفات نظم و نثر کا

[1] شاد۔ ڈسمبر ۱۹۲۲ء کے خط میں لکھا ہے:۔ ”سُنا بھائی میں جس دن حضرت کی سوانح عمری کو ختم کر کے خاتمہ لکھوں گا اُسی دن تم سے رخصت ہو جاؤں گا ..... جب تک آنحضرت کی سوانح عمری پوری نہیں ہوتی اگر میں مرجاؤں تو مجھ پر لعنت ہے۔“ دیکھو صفحہ ۲۱۰۔
اِسی طرح ۴ر جنوری ۱۹۲۵ء کو لکھا ہے کہ:۔ ”یقین کیجئے کہ جب تک اُس کی ترتیب نہ ہو گی میں نہیں مرونگا“ صہ ۲۱۹۔

بہت بڑا ذخیرہ چھوڑا ہے۔ پچاس ساٹھ جز سے زیادہ تو حضرت کا کلیات مشتمل بر غزلیات و خمسہ جات و رباعیات و قطعات وغیرہ ہے۔ ڈیڑھ سو سے زیادہ مرثیے ہیں، اور کوئی مرثیہ سوا سو بند سے کم نہیں ہے، نثر کی کتابوں کا ایک معتدبہ ذخیرہ ہے۔ یہ کل چیزیں انشاء اللہ تعالیٰ رفتہ رفتہ چھپوانی ہیں۔"

لیکن ہماری نظروں میں حضرت شاد کے یہ خطوط اُن کے کلام کے بعد اُن کی جملہ تحریروں سے زیادہ اہم ہیں۔ خطوط کیا ہیں معلومات کا ایک بحر بیکراں ہے جو موجزن ہے۔ اَدب اُردو کی تاریخ لکھنے والے اُن کے مطالعہ سے ایسی ایسی ضروری اور نایاب معلومات اور سواد حاصل کریں گے جو اُردو کے کسی اَور اَدیب کے خطوط میں نہیں مل سکتا۔ یہ خطوط صحیح تنقید اور ذوقِ اَدب کے ایسے گراں بہا مضامین ہیں جن کا مطالعہ اُردو واَدب سے دلچسپی رکھنے والوں کے لئے بے حد مفید ثابت ہوگا۔ بعض خط تو کتاب کے تقریباً بیس بیس صفحات پر مشتمل ہیں۔ اِتنے طویل خط شاید ہی اُردو کے کسی اور اَدیب کے مجموعۂ مکتوبات میں مل سکیں۔

اِن خطوط کے مطالعے سے عظیم آباد کے علمی و اَدبی ماحول اور وہاں کے بعض شریف و متمدن خاندانوں کی نسبت بھی بڑی کارآمد باتیں معلوم ہوتی ہیں۔ چونکہ شاد عظیم آبادی کو تاریخ سے خاص لگاؤ تھا۔ اِس لئے جگہ جگہ اُن کے قلم نے اہم تاریخی معلومات محفوظ کردی ہیں۔ مرثیہ نگاری اور لکھنو کے مشہور مرثیہ نگاروں کے بارے میں بھی شاد نے جو پتہ کی باتیں اِن مکتوبات میں قلمبند کردی ہیں وہ کسی اور ذریعہ سے حاصل نہیں ہوسکتیں۔

سب سے آخر میں لیکن سب سے زیادہ اہم معلومات خود شاد کے متعلق اِن خطوط میں موجود ہیں اُنھوں نے اپنے متعلق جتنا اپنے ان خطوط میں لکھا ہے شاید ہی کسی اور جگہ لکھا ہو۔ یوں بھی طبعاً وہ اپنی ذات کے متعلق کہنے اور لکھنے کی طرف زیادہ مائل تھے لیکن اِن خطوط میں تو بعض جگہ اِتنا زیادہ لکھ گئے ہیں کہ وہ خود نمائی کی حد تک پہنچ گیا ہے۔ اور یہ سب باتیں اُن کے سوانح نگار کے لئے نعمت غیر مترقبہ ثابت ہوں گی کیونکہ صرف اِن خطوط ہی کی مدد سے حضرت شاد کی ایک بسوط دستند سوانح عمری مُرتب کی جاسکتی ہے۔ اُن میں اُنھوں نے اپنے خاندان، ماحول، تعلیم و تربیت، اساتذہ، شادی آل و اولاد، آمدنی، طرزِ معاشرت، اَخلاق و عادات، دوست اَحباب، تلامذہ، تصنیفاتِ نثر، شاعری، مرثیہ نگاری، غرض ہر موضوع پر اِتنا لکھدیا ہے کہ اور ذریعۂ معلومات پیدا کرنے کی ضرورت ہی نہیں رہتی۔

اِن مکتوبات کے مرتب کرتے وقت شاد مرحوم کی حسب ذیل تحریر بھی میری نظر سے گذری کہ:۔

> "ہاں اکثر اِہلِ قلم آپ سے میرے خطوط اَز دو ضرور مانگیں گے تاکہ پرچوں میں درج کریں گے۔ اُمید ہے کہ آپ اِحتیاط فرمائیں گے۔ خدا جانے میں آپ کو کیا کیا لکھ دیا کرتا ہوں۔ اور آپ پر مجھ کو کیسا بھروسہ ہے جو غیروں پر کیا معنی عزیزوں پر بھی نہیں ہو سکتا۔ کل بھی خبر سنی کہ ایک مولانا صاحب جو پرچہ نکالنے والے ہیں وہ میرے خطوط کی نقل کی خواستگاری آپ سے کرنے والے ہیں۔" (۲۰ رفروری ۱۹۲۲ء صفحہ ۲۰۳)۔

لیکن اَب کہ کاتب اور مکتوب الیہ دونوں باقی نہ رہے (رہے نام اللہ کا۔)

ادبی تاثرات مکتوباتِ شاد

ان خطوں کو محض اُردو اَدب کی وسعت اور اہل اُردو کے استفادہ کی غرض سے شایع کیا جا رہا ہے۔ وَرنہ قوی اَندیشہ تھا کہ یہ تلف ہو جاتے اور اُردو اپنے ایک بہت بڑے اِنشا پرداز، شاعر اور محسن کے رشحاتِ قلم سے محروم رَہ جاتی۔ اِن خطوط کا مطالعہ ظاہر کردے گا کہ شاؔد عظیم آبادی اپنی تصنیف و تالیف میں کیسی تلاش و جستجو اور سرگرمی سے کام لیا کرتے تھے۔ اَسّی برس کی عمر ہو چکی تھی لیکن اُن کے ایک ایک جملہ سے کام کرنے کا ولولہ، محنت و مشقت کی عادت، اور اپنے مقصد کی تکمیل کی خاطر مضطربانہ سرگرمی جھلکتی نظر آتی ہے۔ یہی وہ باعظمت شخصیتیں ہیں جن کی زندگی نوجوانوں کے لئے دَرسِ عبرت، گمراہوں کے لئے شمعِ ہدایت، اور بوڑھوں کے لئے سرچشمۂ بصیرت ثابت ہوتی ہے۔

مَن کی دُنیا

(دیباچہ عمومی من کی دنیا از رشید قریشی بی۔ اے مطبوعہ ۱۹۳۹ء عیسوی)

من کی دُنیا اِدارہ اُدبیاتِ اُردو کے سلسلہ مطبوعات کی ایک کڑی ہے۔ اِسکے مصنف رشید قریشی اِدارہ کے اُن نوجوان خدمت گذاروں میں سے ہیں جن میں جذبہ عمل کے ساتھ ذوقِ اُدب بھی ودیعت کیا گیا ہے، اور اگر وہ اِسی طرح خاموش کام کرتے جائیں تو اپنی زبان اور اُدب کی اچھی خدمت کرسکیں گے۔

یہ اُن کی "مَن کی دنیا" ہے۔ کسی نوجوان کی من کی دُنیا اس کے سوا اور ہو بھی کیا سکتی ہے۔ نوجوان کو تن کی دُنیا سے کیا تعلق؟ عنفوانِ شباب کی رعنائیاں بہت کم موقع دیتی ہیں کہ "سوز و مستی اور جذب و شوق" کے سوا کسی اور طرف توجہ کی جائے!

اِس مجموعہ کا مطالعہ کرنے والے تن کی دُنیا کو (جس میں بقولِ اقبال "سود وسودا مکر و فن" کے سوا کچھ بھی نہیں) تھوڑی دیر کے لئے بالکل بھول جائیں گے۔ کیونکہ اِن اَفسانوں میں زیادہ تر ایک نوجوان کی "خیال کی بستی" آباد ہے۔ اِن میں سے اکثر شباب کی تفسیریں ہیں۔ اِن میں سوز ہے، مستی ہے، جذب ہے، شوق ہے، اور کہیں کہیں شاید وہ "یک گونہ عُریانی" بھی ہے جس کو آج کل "شبابیات" کے نام سے، بدقسمتی سے، اُردو اُدب میں بے پناہ مقبولیت حاصل ہوتی جارہی ہے۔

اُدبی تاثرات — من کی دُنیا

اِس کی اِشاعت سے یہ مطمح نظر واضح ہو جائے گا کہ اِدارۂ اَدبیاتِ اُردو جہاں قدیم اور گذرے ہوئے اَدیبوں اور شاعروں کے کارناموں کو بے نقاب کر رہا ہے نئے نئے شاعروں اور اَدیبوں کے نورس رشحاتِ قلم کو بھی اُردو دُنیا میں روشناس کرنا چاہتا ہے۔

کیا تعجب ہے کہ اِس طرح کی ہمت اَفزائیاں اِس خطۂ ملک کی فن کارانہ قابلیتوں اور تخلیقی قوتوں کے جگا دینے کا باعث ہوں۔

بازیچۂ دُنیا

(دیباچۂ بازیچۂ دنیا از ابو المعظم قاضی عبد الغفار صاحب مطبوعہ ۱۹۳۵ء)

حیدرآباد میں جامعۂ عثمانیہ سے فیض پائے ہوئے نوجوانوں کے علاوہ ایسے متعدد حضرات اَب بھی موجود ہیں جو اپنی تصنیفات و تالیفات اور شعر و سخن کے ذریعہ سے اُردو زبان کی خدمت میں سرگرم ہیں۔ ابو المعظم مولوی قاضی سید عبد الغفار صاحب بھی جن کی دلچسپ کتاب "بازیچۂ دنیا" اِس وقت زیرِ نظر ہے، اِسی متذکرہ طبقہ کے ایک پُرخلوص مصنف ہیں۔ اور کمسن بچوں اور پردہ نشین خواتین کے متعلق اِصلاحی و معاشرتی مضامین لکھنے میں مخصوص شہرت رکھتے ہیں۔

یہ وہ موضوع ہیں جن کی اُردو بھی بہت محتاج ہے، اور ضرورت ہے کہ ہمارے نوجوان اہلِ قلم بھی اُن کی طرف خاص طور پر متوجہ ہوں۔ اِن موضوعوں پر مولوی قاضی سید عبد الغفار صاحب کی کئی کتابیں مثلاً "مسلمان اور شادی" اور "صلاح کار" اور "ملازمت کی کسوٹی" وغیرہ اِس وقت تک شائع ہو کر مقبولیت حاصل کر چکی ہیں۔

مولوی صاحب کی کتابیں نہ صرف موضوع کے لحاظ سے دلچسپ ہیں بلکہ پُرلطف اُسلوبِ بیان کی وجہ سے بھی اَہمیت رکھتی ہیں، اور ثابت کرتی ہیں کہ حیدرآباد کے وہ اہلِ قلم بھی جنھیں جامعہ عثمانیہ سے کوئی تعلق نہیں رہا یا جو اُس کے قیام کے قبل ہی اُردو اِنشاء پردازی کی جولانگاہ میں قدم رکھ چکے ہیں، کتنی پختہ سلیس اور دلچسپ اُردو لکھتے ہیں۔

"بازیچۂ دنیا" میں ایک عجیب و غریب جدت کی گئی ہے۔ کھیل کو دسے مذہب کو

ادبی تاثرات — بازیچۂ دُنیا

بلانے کا خیال شاید ہی پہلے کسی کے ذہن میں گذرا ہو! اِس کتاب میں پہلے ہر کھیل کود، یا تفریحی آلہ، یا جدید ایجاد کی تصویر دی گئی ہے اور پھر اُس کے نیچے بچّوں کے لئے دلچسپ باتیں اور سبق آموز حکایتیں پیش کی گئی ہیں۔ اِس سلسلہ میں قابل مصنف نے جو عبارتیں لکھی ہیں اُن میں سے بعض نہ صرف بچّوں بلکہ نوجوانوں اور خاص کر کھیلوں سے دلچسپی رکھنے والوں کے لئے بھی مفید اور دلچسپ ثابت ہونگی۔ بعض ایسی باتیں بھی لکھ گئے ہیں جن کی طرف کم حضرات کا ذہن منتقل ہوتا ہے۔ اُن سے جہاں مصنف کا وسیع مطالعہ ظاہر ہوتا ہے اُن کے ذوقِ تصوف کا بھی اظہار ہوتا ہے۔

کاش مصنف اِس امر کے اظہار کی بھی کوشش کرتے کہ کھیلوں سے اِنسان کی جسمانی قوتوں اور معاشرت پر کیا اثر پڑتا ہے۔ کونسے کھیل سے اُس کے کس جذبہ یا کس قوت کی نشو و نما ہوتی ہے۔ یہ بھی کوئی کم دلچسپ موضوع نہیں ہے۔ اگر کوئی متوجہ ہو کہ کھیلوں سے کیا کیا نفسیاتی فوائد مترتب ہوتے ہیں۔ اُمید ہے کہ آئندہ اڈیشن میں مولوی صاحب اپنے موضوع کے اِس پہلو کا بھی لحاظ رکھیں گے۔ یوں تو بحالت موجودہ بھی مجھے یقین ہے کہ یہ کتاب بچوں کے لئے نہایت مفید اور دلچسپ ثابت ہوگی اور ہر قسم کے کھیل کود، تفریحی مشاغل، نیز جدید ایجادات سے وہ بجائے مذہب اور اِنسانیت سے دور ہونے کے اس کی صحیح خوبیوں کو دلنشیں کر سکیں گے اور جیسا کہ مصنف نے لکھا ہے "کھیل کود کے ذریعہ سے معرفت کردگار کے سبق حاصل کریں گے۔"

کتابت و طباعت بھی اچھی ہے، اور ساتھ ہی بیسیوں تصاویر نہایت سلیقہ اور اہتمام کے ساتھ درج کی گئی ہیں۔ یہ تمام خوبیاں بچوں کی کسی کتاب میں، خاص کر اُردو کی بہت کم جمع ہوتی ہیں۔

گریۂ و تبسم

(دیباچہ گریہ و تبسم از صاجبزادہ میر محمد علی خاں صاحب میکش مطبوعہ ۱۹۳۶ء)

یہ ادارہ کی پندرھویں کتاب ہے۔ اِس سے قبل چند قدیم شعراء کے کلام کے منتخبات شائع کئے گئے ہیں جنھیں کافی مقبولیت حاصل ہو چکی ہے۔ اَب اِدارہ کی طرف سے چند سر برآوردہ نوجوانوں کے کلام کے مجموعے شائع کئے جا رہے ہیں اور توقع ہے کہ جدید اُردو شاعری کے دلدادہ اُن کے مطالعہ سے ضرور محظوظ ہوں گے اور یہ محسوس کریں گے کہ حیدر آباد کے نوجوان اہلِ علم و اَدب، زمانے کی جدید ضروریات اور شعرِ و سخن کے عصری رجحانات سے ناواقف نہیں ہیں۔

یہ اُردو کی خوش قسمتی ہے کہ ہماری نوجوان نسلیں، اپنے اَدب کو مالا مال کرنے میں سرگرم ہیں اور اُن کی یہ خدمت گزاریاں، مستقبل میں ایک مستقل اہمیت حاصل کرلیں گی۔ "گریہ و تبسم" جدید اُردو شاعری میں ایک اِضافہ ہے اور ظاہر کرتا ہے کہ اگر اِس نوجوان شاعر کی کما حقہٗ قدر کی گئی تو اُردو زبان مستقبل قریب میں ایک اچھے شاعر سے بہرہ مند ہوگی۔ زوال آمادہ قوموں میں مُردہ پرستی اِس قدر سرایت کر جاتی ہے کہ زندہ اہلِ کمال بے قدری کے عالم میں گذار دیتے ہیں اور اُن کا ہنر اُن کے گذر جانے تک ہمعصروں کی نظر سے پوشیدہ ہی رہتا ہے۔ جب تک صاحبانِ کمال کی بروقت قدر اور اِمداد نہ ہو کمال میں ترقی نہیں ہو سکتی اور بہت سی قابلیتیں پورا نمو حاصل کرنے اور بارور ہونے سے قبل ہی پژمردہ ہونے لگتی ہیں اور ملک و قوم

اُدبی تاثرات   گریہ و تبسم

میں قحط الرجال ہوجاتا ہے جب تک ہم ترقی یافتہ اور زندہ قوموں کی طرح ذاتی اختلافات اور تعصبات سے قطع نظر کر کے اپنے ہمعصروں کی خدمات کا اعتراف اور اُن کے کام کی قدر کرنا نہ سیکھیں گے ہم میں ہمیشہ قحط الرجال رہے گا۔

اِدارۂ اُدبیات اُردو نے اِسی نقطۂ نظر کو ملحوظ رکھکر تہیّہ کیا ہے کہ چند ایسے نوجوانوں کی نظم و نثر کے مجموعے شائع کئے جائیں جو خاطر خواہ قدر دانی کے بعد یقیناً اُردو زبان کے سچے خدمت گزار ثابت ہوسکیں گے۔

محمد حُسین آزاد

(دیباچہ عمومی محمد حسین آزاد از جہاں بانو بیگم صاحبہ ایم۔ اے مطبوعہ سنہ ۱۹۴۲ء)

شمس العلما، مولوی محمد حسین آزاد اُردو کے اُن مخصوص محسنوں میں سے ہیں جن کا نام اور خدمات تاریخ اَدب اُردو کا جزو لا ینفک ہیں۔ لیکن یہ ہماری زبان کی بدقسمتی ہے کہ اُس کے بڑے بڑے اُدیبوں اور شاعروں کے متعلق اَب تک جیسا چاہیے کوئی کام نہیں کیا گیا۔ نہ اُن کے سوانح حیات شایع ہوئے اور نہ ہی اُن کے کارناموں کا تجزیہ کر کے اُن کی حقیقی عظمتوں اور حیثیتوں کو اُجاگر کیا گیا۔

یہ ہمارا سب سے پہلا فریضہ ہے کہ نام نیک رفتگاں کو ضایع نہ ہونے دیں، انکی حیات اور کارناموں کے مطالعہ سے مستفید ہوتے رہیں اور اپنے مستقبل کے بنانے میں اُن سے سبق حاصل کریں۔ آزاد کی اہمیت اُردو اَدب میں مُسلم ہے، لیکن کیا یہ تعجب کی بات نہیں ہے کہ آج تک کسی نے اُن کے سوانح حیات کے مُرتب کرنے کی طرف توجہ نہیں کی۔ ابھی حال میں ایک کتاب "آبِ حیات کے لطیفے" شایع ہوئی ہے، جس کے دیباچہ میں آزاد کے کچھ حالاتِ زندگی بھی آگئے ہیں، لیکن مستقل سوانح حیات کی ضرورت باقی تھی، جس کو اِدارۂ اَدبیاتِ اُردو کے شعبہ نسواں کی سرگرم رُکن محترمہ جہاں بانو بیگم صاحبہ ایم۔ اے نے نہایت خوش سلیقگی اور کامیابی کے ساتھ تکمیل کو پہنچایا ہے۔ جہاں بانو بیگم صاحبہ اصل میں وہی "ج۔ نقوی" ہیں جو حیدرآباد کی مشہور اَدیبہ اور کئی مُفید و دلچسپ کتابوں کی مصنفہ ہیں: "رفتارِ خیال" اِن کے

اُدبی تاثرات محمد حسین آزاد

رشحاتِ قلم کا پہلا مجموعہ ہے جو کتابی صورت میں شایع ہو کر کافی شہرت حاصل کر چکا ہے اِس کے بعد اُنہوں نے کئی اور مضامین اور کتابیں بھی لکھی ہیں اور اُن کا شگفتہ اُسلوب بیان بہت مقبول ہے۔ زیرِ نظر کتاب اصل میں اُن کے اِمتحان ایم۔ اے کا مقالہ ہے جس کے مطالعہ سے معلوم ہوگا کہ مولفہ کی نظر کتنی وسیع ہے اور وہ تحقیقی کام بھی کس خوبی سے انجام دیتی ہیں۔

اعظم الامرا اَرسطو جاہ

(دیباچۂ اعظم الامرا ارسطو جاہ از پروفیسر محمد صدیقی صاحب مطبوعہ ۱۹۳۹ء)

اعظم الامرا ارسطو جاہ ہندوستان کے اُن مشاہیر سے ہیں جنھوں نے اِس ملک کی تاریخ کے بنانے میں حصہ لیا ہے۔ دکن میں انگریزوں کے اِقتدار کے اِستحکام میں اُن کے تدبر اور حکمتِ عملی کو بھی بڑا دخل ہے۔ میسور کی سلطنت کے زوال کی ذمہ داری بھی ایک حد تک اُن کے سر ہے۔ مرہٹوں کی تاریخ تو اُن کے تذکرے کے بغیر لکھی ہی نہیں جا سکتی اور حیدر آباد کی سلطنت کی تعمیر و تشکیل میں بھی اُنھوں نے جو اہم خدمات انجام دی ہیں اُن کا ایک معمولی اندازہ اُن عظیم الشان خطابات ہی سے ہو سکتا ہے جو اُن کے نام کا جزو لاینفک بن گئے ہیں۔

حیدر آباد کی تاریخ میں مختار الملک سر سالار جنگ اعظم کے علاوہ کوئی شخصیت ایسی نہیں ملتی جس میں اَرسطو جاہ جیسی فراست، بلند حوصلگی، اور معاملہ فہمی پائی جاتی ہو۔ اُن کا سب سے بڑا کمال یہ تھا کہ ہر ایک کو اپنا گرویدہ بنا لیتے تھے۔ یہاں تک کہ اُن کے سخت سے سخت دشمن بھی جب اُن سے ملتے تو اُن ہی کا سبق پڑھنے لگتے نواب نظام علیخاں آصفجاہ ثانی تو اُن کو اِتنا چاہتے تھے کہ جب اُن کے فرزند سیف الدولہ کا اِنتقال ہوا تو اپنے فرزند رئیس الملک سلیماں جاہ کو اور بعد کو جب ارسطو جاہ کی پونہ والی بیگم کے لڑکے کا بھی اِنتقال ہوگیا تو دوسرے صاحبزادے سیف الملک کیواں جاہ کو بھی اُنہی کی فرزندی میں دیدیا۔

اَرسطو جاہ بڑے معاملہ فہم اور مردم شناس آدمی تھے۔ اور چونکہ چھوٹے درجہ سے سلطنت کے عظیم ترین رتبہ کو پہنچے تھے اِس لئے شریفوں کی اور باکمالوں کی اِمداد اور اِعانت کو اپنا شعار بنالیا تھا۔ اُن کی داد و دہش اور شرفا پروری کا شہرہ دور دور پہنچ چکا تھا۔ ہندوستان کے گوشے گوشے سے لوگ اُن کے یہاں چلے آتے تھے۔ خود اُن کا دربار بادشاہوں کے دربار سے کم بارَونق نہ تھا۔ اُن کی ایک بڑی خوبی یہ تھی کہ اُن کو بذلہ سنجی، علم و فضل اور شعر و سخن کا بھی بڑا اچھا ذوق تھا۔ اور دراصل یہی ایک ایسی خصوصیت ہے کہ صرف اسی کی وجہ سے اُن کا نام ہمیشہ زندہ رَہ سکتا ہے۔ اُن کے دربار میں حیدرآباد اور ہندوستان کے بیسیوں بلند پایہ شعرا مثل اَحسن اللہ خاں بیاؔن مرزا علی لطفؔ شیر محمد خاں ایماؔن اور شاہ تجلی علی تجلیؔ وغیرہ جمع تھے جنھوں نے اپنے قصیدوں میں اُن کی زندگی کے متعلق ایسا تفصیلی مواد محفوظ کر دیا ہے کہ بڑی سے بڑی تاریخوں میں اِتنی مکمل اور مفید معلومات قلمبند نہ ہو سکتی تھیں۔

شاعروں اُدیبوں اور مصوروں کے فیاض قدردان ہونے کے علاوہ ارسطو جاہؔ خود بھی شاعر اور صاحب علم و فضل اَمیر تھے۔ چنانچہ جب اُن کو ایلگنڈل میں جاگیر ذات مرحمت ہوئی تو اُنھوں نے فی البدیہہ ایک قطعہ تاریخ نکالا تھا کہ:

وَاِنْ شَکَرْتُمْ لَاَزِیْدَنَّکُمْ ۱۲۰۹ھ

علمی وَادبی ذوق کے علاوہ اَرسطو جاہ کو تعمیر کا بھی شوق تھا۔ چنانچہ سرور نگر کے رنگ بستہ حصار اور برجوں کو ۱۲۱۳ھ میں انہی نے بنایا تھا۔ یہ اصل میں ایک گاؤں تھا جو

اَدبی تاثرات اعظم الامرا ارسطو جاہ

اُرسطو جاہ کی منکوحہ سرور افزا بیگم کو آصفجاہ ثانی نے بطور جاگیر عنایت کیا تھا۔ اِسی طرح حسین ساگر کے قریب اس وقت جو محلہ شیر آباد واقع ہے وہ بھی دراصل اُنہی کا ۱۲۰۳ھ میں بسایا ہوا ایک گاؤں تھا جو اب تک اُن کے خطاب بشیر الملک کی یاد تازہ کر رہا ہے۔

غرض ایک ایسی عظیم الشان شخصیت کے سوانح حیات مرتب کرنا ملک اور تاریخ کی ایک مفید خدمت ہے جس کو پروفیسر عبدالمجید صاحب صدیقی نے نہایت خوبی سے انجام دیا ہے۔ اُنھوں نے یہ کام اگرچہ آج سے چھ سال پیشتر شروع کیا تھا چنانچہ اُن کا ایک بسیط مضمون رہبر کے سالنامہ بابت ۱۹۳۳ء میں شایع ہو چکا ہے لیکن ادارۂ اَدبیات اُردو کی خواہش پر اُنھوں نے اب اس میں اضافہ کر کے اُس کو ایک کتاب کی شکل دیدی ہے۔ یہ عجیب اِتفاق کی بات ہے کہ صدیقی صاحب کی مشہور تاریخ گولکنڈہ کے بعد ہی حیاتِ اُرسطو جاہ شایع ہو رہی ہے۔ اُرسطو جاہ میں اور قطب شاہی سلاطین وامرا میں مجھے کئی طرح کی مناسبت نظر آتی ہے۔ وہی اعلیٰ اَدبی ذوق، وہی فیاضی اور داد و دہش، وہی قدردانیٔ فضل و کمال، وہی شرفا نوازی، وہی شگفتگیٔ طبع، وہی فراخ حوصلگی، اور وہی وسیع المشربی۔ سچ تو یہ ہے کہ جب میں اُرسطو جاہ کے حالاتِ زندگی پڑھتا ہوں تو مجھے قطب شاہی دَور کی ایک جھلک نظر آجاتی ہے۔

سر سالار جنگ اعظم

(دیباچہ عمومی سر سالار جنگ اعظم از فیض محمد صاحب صدیقی مطبوعہ ۱۹۳۹ء)

نواب مختار الملک شجاع الدولہ میر تراب علی خاں سر سالار جنگ اعظم دُنیا کے اُن مُدبّرین و مفکّرین میں سے ہیں جو کسی ملک و قوم میں بار بار نہیں پیدا ہوتے اور جب کبھی بخت و اتفاق سے پیدا ہو جاتے ہیں تو اپنے ملک یا قوم کو جہالت و اِدبار اور تنزل و گمنامی سے نکال کر ہمہ جہتی ترقیوں اور شہرت و عظمت کے بامِ عروج تک پہنچا دیتے ہیں۔

حیدرآباد کی سرزمین نے بہت کم ایسے سپوت پیدا کئے اور یہ اس ملک کی خوش قسمتی تھی کہ ایک نہایت ہی نازک دَور میں اُس کو مختار الملک جیسا محبِ وطن مدبر اور مصلحِ اعظم مل گیا۔ مختار الملک کے کارنامے اِس سلطنتِ اَبد مُدت کی تاریخ میں ہمیشہ زرین حروف میں لکھے جائیں گے۔ اور جیسے جیسے زمانہ گذرتا جائیگا حیدرآبادیوں کے دِلوں میں اپنے اِس رفیع الشان ہم وطن کے احسانات کی یاد تازہ ہوتی جائے گی۔

ایسی ہی عظیم المرتبت شخصیتوں کے حالاتِ زندگی پڑھنے سے گرتی ہوئی قومیں سنبھل جاتی ہیں اور سوتے ہوئے ملک جاگ پڑتے ہیں۔ اِسی خیال کو پیشِ نظر رکھ کر ادارۂ اَدبیاتِ اُردو کے شعبۂ تالیف و ترجمہ نے بچّوں، بچیّوں اور عوام کے لئے یہ چھوٹی سی کتاب مرتب کرائی ہے اور اُس کو یقین ہے کہ اِس کا مطالعہ پڑھنے والوں

کے دلوں میں ملک کی محبت، کام کرنے کا ولولہ، بردباری، مستقل مزاجی، مخالفتوں اور دشواریوں کے باوجود آگے بڑھے چلے جانے کی ہمت پیدا کرنے کا باعث ہوگا۔

اِس کتاب "سرسالار جنگ اعظم" کے مرتب مولوی ابوالمکارم فیض محمد صاحب بی۔ اے۔ ڈپ۔ ایڈ ہیں جن کو سوانح نگاری میں خاص کمال حاصل ہے۔ چنانچہ مشہور معلمانِ تعلیم کی سوانح عمریوں کے علاوہ اُن کی لکھی ہوئی حیاتِ "ابن سعود" بھی شایع ہو کر کافی مقبولیت حاصل کر چکی ہے۔ یہی وجہ ہے کہ حیدرآباد کے اِس محسنِ اعظم کے حالات کو مختصر سے مختصر طور پر قلم بند کرنے کے لئے ادارہ نے اُنہی کا انتخاب کیا۔ زیادہ سے زیادہ معلومات کو کم سے کم الفاظ میں پیش کرنا ایک کمال ہے اور ہر شخص کے بس کی بات نہیں ہے۔

اِدارۂ ادبیاتِ اُردو کے شعبۂ تالیف و ترجمہ نے اُردو ترجموں کے سلسلے میں مفید کتابوں اور مضمونوں کی تیاری و اشاعت کے علاوہ یہ بڑا اچھا کام شروع کیا ہے کہ اس کی طرف سے دوسری زبانوں کی کتابوں سے اخذ کر کے یا اپنے طور پر ایسی چھوٹی چھوٹی کتابیں اُردو میں پیش کی جا رہی ہیں جو بچوں، بچیوں اور عوام کے ادب میں اضافہ کا باعث ہوں گی۔

عمادُ المُلکؒ

(دیباچہ عمومی عماد الملک از فیض محمد صاحب صدیقی مطبوعہ ۱۹۴۰ء)

نواب عماد الملک ہندوستان کے اُن مشاہیر میں سے تھے جن کے نام اور کام اس ملک کی تاریخ میں ہمیشہ زندہ رہیں گے، یہ عجیب بات ہے کہ وہ نام و نمود سے جتنا بھاگتے تھے اُتنا ہی زیادہ اُن کا نام مشہور ہوا، اور سچ تو یہ ہے کہ ہمیشہ عزت سے لیا جائے گا۔

وہ عالم و فاضل ہونے کے علاوہ مدبر اور فرس بھی تھے لیکن علم و فضل اور سیاست و تدبر کے ساتھ عالموں اور مدبروں کی طبیعت میں جو خرابیاں پیدا ہو جاتی ہیں، اُن سے نواب عماد الملک ہمیشہ بچتے رہے، علم و فضل کے ساتھ اکثر غرور و خود پسندی اور اپنے ہمعصروں سے رشک و عناد بھی پیدا ہونے لگتا ہے لیکن خود صاحب فضل و کمال ہونے کے ساتھ ساتھ عماد الملک ہمیشہ عالموں اور فاضلوں کی قدر دانی اور ہمت اُفزائی کرتے رہے، اور کبھی اپنے علم و فضل پر گھمنڈ نہیں کیا، تدبر و سیاست کے ساتھ سازشیں اور اثر و اقتدار کے ساتھ ایذا رسانی اور مستحقوں کے حقوق سے بے پروائی بھی پیدا ہونے لگتی ہے، لیکن نواب عماد الملک نے اعلیٰ درجے کے مُدبر ہونے کے باوجود کبھی کسی سازش میں حصہ نہ لیا، اور اثر و اقتدار کے اِنتہائی درجہ پر پہنچکر بھی اپنے عزیزوں اور دوستوں کی خاطر مستحقین کے حق کو تلف کرنے کا کبھی خیال تک نہ آنے دیا۔

ادبی تاثرات عمادُ الملک

اُن کی سلامت رَوی، نیک طبعی اور منصف مزاجی کے ثبوت ڈھونڈھنے کے لئے اُن کے سوانح حیات کی چھان بین کی ضرورت نہیں ۔صرف یہ ایک واقعہ اُن کی اِن خوبیوں کو بخوبی ثابت کر دیتا ہے کہ مختارالملک سرسالارجنگ اعظم نے حیدرآباد کے سرکاری و درباری معاملات کو سُلجھانے کے لئے جن صاحبانِ فضل وفہم کو باہر سے بلایا اُن میں عمادالملک سب سے پہلے تھے، اور اُن کے بعد بیسیوں اَصحاب آئے لیکن کوئی بھی اِس نیک نامی اور اعزاز و احترام کے ساتھ آخر عمر تک حیدرآباد میں نہ رَہ سکا جو عمادالملک کو حاصل تھا۔

اُن کے پاکیزہ کردار کا سب سے بڑا ثبوت یہ ہے کہ اُن کے بعد کے آئے ہوئے اَصحاب نے کئی دفعہ اُن کو بھی سازشوں میں شریک کرنا چاہا لیکن وہ کسی سازش میں شریک نہ ہوئے اور ہر وقت اُن کی نیک طبعی اور ضمیر کی حق پرستی اُن کے کام آئی چنانچہ بعض دفعہ اُن کے خلاف بڑے شد و مد سے سازشیں بھی کی گئیں۔ لیکن ہر وقت سازش کرنے والوں کو ناکامی کی صورت دیکھنی پڑی سچ تو یہ ہے کہ حیدرآباد کی ترقی کے لئے نواب مختارالملک جو خواب دیکھا کرتے تھے اُن کی صحیح تعبیر نواب عمادالملک کے کارناموں میں نظر آتی ہے، اُنھوں نے حیدرآباد کو ایک ایسی دولت سے مالامال کر دیا جو رہتی دنیا تک اُن کا نام اِس ملک کی تاریخ میں زندہ رکھیگی، یہ علم وفضل کی وہ دَولت ہے جو دائرۃ المعارف، کتب خانہ آصفیہ، نظام کالج، اور جامعہ عثمانیہ کی شکل میں روز اَفزوں ترقی کر رہی ہے، اور اگرچہ آج علم وفضل کے اِن خزانوں کی جگمگاہٹ نے سب کی آنکھوں کو خیرہ کر دیا ہے لیکن دُنیا والے اِتنے اِحسان فراموش نہیں ہیں کہ اِن خزانوں کی بنیاد رکھنے والے کی یاد کو فراموش کر جائیں، یہی اِحساسِ اِحسان

شناسی تھا کہ اِدارۂ ادبیاتِ اُردو نے عوام اور طلبہ کے لئے جہاں دیگر مشاہیر ملک کے سوانح حیات تیار کرائے، نواب عماد الملک کے مختصر حالاتِ زندگی کی ترتیب کا کام بھی ابتدا ہی سے پیش نظر رکھا اور مسرت کا مقام ہے کہ مولوی فیض محمد صاحب نے اِس کام کو بڑے قرینے سے انجام دیا۔

نذرِ ولؔی

(تقریب نذر ولی مطبوعہ ۱۹۳۰ء)

گذشتہ سال جب کلیہ بلدہ حیدرآباد کی طرف سے اِس کے صدر مولوی سید محمد اعظم صاحب کی تحریک پر اُردو کے مشہور شاعر ولؔی اورنگ آبادی کا دُو صد سالہ جشن یادگار منایا گیا اور عالی جناب نواب سالار جنگ بہادر بالقابہٗ کی سرپرستی میں اس جشن کے ساتھ سیکڑوں اُردو مخطوطات اور شعرا و قدر دانانِ اُردو کی تصویروں کی عالی شان نمائش منعقد کی گئی تو یہ خیال تک نہ تھا کہ اس تقریب سعید کا اتنا ہمہ گیر اَثر ہوگا کہ اس کے ساتھ ہی بمبئی میں بھی یوم ولؔی منایا جائے گا اور اس کے بعد ہی "مجلس اِشاعت دکنی مخطوطات" کا قیام عمل میں آئے گا۔ نیز تمام ملک میں قدیم شاعروں اور خدمت گذارانِ اُردو کے کارناموں کے مطالعہ اور ان کو منظرِ عام پر لانے کے شوق کے علاوہ دوسرے شاعروں کے یادگاری جلسے منانے کا خیال بھی پیدا ہوگا۔ چنانچہ آج کل مسلم کلچر سوسائٹی کی طرف سے یوم اقبال کے اِنعقاد کی کوشش کی جا رہی ہے، اور نہ معلوم جشن یادگار ولؔی نے ابھی اور کن کن اُمور کی طرف اہل ذوق کو متوجہ کر دیا ہے جو اویر سویر ظہور پذیر ہوتے رہیں گے۔

اِدارۂ اُدبیاتِ اُردو نے بھی اِس تقریب سے متاثر ہو کر بابائے ریختہ حضرت ولؔی اورنگ آبادی کی خدمت میں ایک نذرِ عقیدت پیش کرنے کا تہیہ کیا جو اس وقت "نذرِ ولؔی" کی شکل میں زیرِ نظر ہے۔ اس سے قبل اِس ادارہ کی طرف سے جامعہ عثمانیہ

ادبی تاثرات نذرِ وَلی

کے بیسیوں طلبہ اور فیض یافتہ اصحاب کے مضامین کے مجموعے اور کتابیں شایع ہو چکی ہیں اور ا۔ اِس جامعہ کی جماعت ایم اے کی طالبات کے مضامین کا یہ پہلا مجموعہ پیش کیا جا رہا ہے۔ اِس میں حضرت وَلی کی شاعری کے مختلف پہلوؤں پر چار مبسوط تنقیدی مضمون شامل ہیں جو کافی توجہ اور ذوق کا نتیجہ ہیں۔ وَلی کی شاعری کا ایسا تفصیلی تجزیہ اَب تک نہیں کیا گیا تھا۔ اِس کتاب کے مطالعہ سے یہ واضح ہو جائے گا کہ وَلی واقعی استادالاساتذہ اور آدم اُردو تھے اُن کے کلام کی بعض خصوصیات ایسی ہیں جو اب پھر اُردو شاعری میں جگہ حاصل کر رہی ہیں اور یہ ثابت کرتی ہیں کہ اُنھوں نے اِس نازک دَور میں فارسی کے مقابلہ میں اُردو کو بچا لینے کی جو سعی بلیغ کی تھی وہ کتنی مستحکم بنیادوں پر مبنی تھی کیونکہ آج ہندی کے مقابلہ میں اُردو کو بچانے کے لئے جو تدابیر اختیار کی جا رہی ہیں اور زبان کی اصلاح کی طرف جو توجہ ہے وہ انہی اصولوں پر مشتمل ہے جن پر وَلی نے عمل کیا تھا۔

وَلی نے اُردو کو تمام ہندوستان میں عام فہم بنانے کی خاطر اس کو صوبجاتی قید و بند سے آزاد کیا۔ دکنی عنصر کم کر کے اس میں شمال کے روزمرہ کو بھی شامل کر لیا۔ اور اِس کے علاوہ ایسے ہندی الفاظ رائج کر دئے جو ہندوؤں اور مسلمانوں کی مشترکہ زبان کے لئے ضروری تھے۔

اِن مضامین میں وَلی کی معلومات، اُن کے تخیل، اُن کے فنِ شعر اور ذوقِ عرفان کے علاوہ اُن کے اسلوب، زبان اور انتخاب الفاظ کے متعلق بھی نہایت مفید اور دلچسپ بحثیں کی گئی ہیں۔ اُردو ادب اور شاعری کا ذوق رکھنے والے اصحاب اُن کے مطالعہ سے ضرور بہرہ مند ہوں گے۔

تاریخ اَدبِ اُردو

(دیباچہ تاریخ اَدبِ اُردو مطبوعہ ۱۹۴۰ء)

اِدارۂ اَدبیاتِ اُردو نے کئی سال قبل دُنیا کی چند اہم زبانوں کی اَدبی تاریخوں کی اِشاعت کا تصفیہ کیا تھا۔ اور یہ کام مختلف اَصحاب کے سپرد کر دیا گیا تھا۔ مقصد یہ تھا کہ اہم زبانوں کی ایسی مبسوط تاریخیں لکھی جائیں جن میں ہر دَور کی خصوصیتوں رجحانوں اور اہم تحریکوں کے ساتھ ساتھ شاعروں اور اِنشاء پردازوں کے حالات اور اُن کی خدمات کا مفصل تذکرہ درج ہو۔ چنانچہ اِس مقصد کے پیشِ نظر مولوی میر حسن صاحب ایم۔ اے تاریخ اَدب انگریزی، مولوی سید ابوالفضل صاحب ایم۔ اے تاریخ اَدب عربی، اور پروفیسر عبدالقادر صاحب سروری تاریخ اَدب ہندی کی ترتیب میں مصروف ہیں اور اول الذکر صاحب نے تو اپنی کتاب مکمل بھی کر لی ہے اُردو اَدب کی تاریخ کا کام میں نے اپنے ذمہ لیا تھا۔ اگرچہ اِس موضوع پر دو چار کتابیں چھپی ہیں، لیکن اَدبیات اُردو کی تاریخ جیسی کہ چاہیئے اَب تک نہیں لکھی گئی۔ یہ کام یوں بھی دیر طلب تھا اور پھر میری دوسری مصروفیتوں نے اِس میں اور تعویق پیدا کر دی۔ میں نے اپنا کام اگرچہ ختم کر لیا ہے۔ لیکن کتاب اِتنی بڑی ہو گئی ہے کہ اِس کی طباعت کے لئے عرصہ درکار ہو گا۔ اِس اثناء میں اِدارۂ اَدبیاتِ اُردو کے اِمتحانوں (اُردو عالم اور اُردو فاضل) کے سلسلہ میں ایک چھوٹی سی لیکن اچھی تاریخ کی ضرورت شدت سے محسوس ہونے لگی۔ چنانچہ اِسی

ضرورت کی تکمیل کے لئے یہ چھوٹی سی کتاب اِدارہ نے مرتب کرادی ہے۔ پہلے خیال تھا کہ ڈاکٹر بیلی کی انگریزی کتاب کو اُردو میں منتقل کردیا جائے، لیکن جب اِس خیال سے کام شروع کیا گیا تو محسوس ہوا کہ اُس میں بعض غیر ضروری بحثیں درج ہیں اور بعض ایسی تحریکیں اور اہم معلومات شامل نہیں ہیں جن کے بغیر تاریخ اُدب اُردو لکھنے کا حق اُدا نہیں ہوسکتا۔ اِس لئے ترجمہ کا خیال ترک کر کے تالیف کا طریقہ اختیار کرنا پڑا۔

اِس کام میں اِدارہ کے مختلف کارکنوں نے مدد فرمائی اور خاص کر پروفیسر مولوی سید محمد صاحب ایم، اِے نے بہت ہاتھ بٹایا ورنہ یہ کتاب وقت پر شایع نہ ہوسکتی۔

اِس کی ترتیب میں یوں تو بہت کچھ ڈاکٹر بیلی کی تاریخ اُدب اُردو سے فائدہ اُٹھایا گیا لیکن دوسری مطبوعہ تاریخوں اور تذکروں اور خود میرے مسودہ تاریخ اُدب اُردو کے مطالعہ کے نتیجے بھی اِس میں جگہ جگہ شامل ہیں۔ اور سب سے بڑی بات یہ ہے کہ اِس کی ترتیب بالکل تحقیقی اور سائنٹیفک بنیاد پر کی گئی ہے۔ اِس معاملہ میں ڈاکٹر بیلی کی تاریخ بہت پیچھے ہے کیونکہ اس میں زبان اور خیالات کی تبدیلیوں اور فطری اِرتقاء کے مطابق دَور نہیں بنائے گئے ہیں۔

مُرقع سخن (جلد اوّل)

(تعریب مُرقع سخن جلد اول مطبوعہ ۱۹۳۵ء)

اعلیحضرت سُلطان العلوم آصفجاہ سابع خلد اللہ ملکہ و سلطنتہٗ کے عہدِ میمنت عہد میں گذشتہ پچیس سال کے عرصہ میں حیدرآباد میں انفرادی یا اجتماعی طور پر اُردو زبان اور علم و اَدب کی جو قابلِ قدر خدمتیں انجام دی گئی ہیں اُن میں اپنی محدود بساط کے مطابق "اِدارۂ اَدبیاتِ اُردو" نے بھی حصہ لیا ہے۔ اِس کو قائم ہوئے یہ چوتھا سال ہے۔ اِس اثناء میں وہ چار کتابیں شائع کر چکا ہے اور متعدد کتابوں کے مسودات بغرض طباعت تیار ہیں۔ اس نے نوجوانوں میں تصنیف و تالیف کا ذوق پیدا کرنے میں خاطر خواہ کامیابی حاصل کی ہے۔ اہل ذوق اِس کے مساعی سے بخوبی واقف ہیں اور ملک و بیرونِ ملک کے رسائل و اخبارات اِس کے مطبوعات پر ہمت افزا تبصرے لکھتے رہے ہیں۔

چونکہ یہ "سلسلہ" محض دَورِ عثمانی کے برکات کا ایک اَدنےٰ مظہر ہے اِس لئے اعلیحضرت سلطان العلوم کے جشنِ سیمیں کے بہجت اَفزا موقع پر ضروری تھا کہ یہ بھی نذرِ عقیدت پیش کرے۔ اعلیحضرت بندگانِ عالی کا ذوقِ اَدب اور شعر و سخن سے شغف محتاج بیان نہیں ہے۔ جامعہ عثمانیہ کی تاسیس آپ کی علم نوازی کی ایک لازوال مثال ہے۔ مہماتِ مملکت کے ساتھ ساتھ آپ بہ نفس نفیس سخنوری اور علم پروری میں بھی شایانِ شان دلچسپی لیتے ہیں۔ آپ کا فارسی اور اُردو کلام

صحیح معنوں میں ملک الکلام ہے۔ اُردو شعر و سخن کی تاریخ میں آپ کا نام ہمیشہ زریں حروف میں چمکتا رہے گا یہی وہ خصوصیات ہیں جن کی بنا پر" اِدارۂ اُدبیاتِ اُردو" حیدر آباد کے ممتاز شعرائے آصفیہ کا باتصویر تذکرہ مُرقع سخن مرتب کر کے اعلیٰحضرت کے پچیس سالہ دَورِ حکمرانی و سخن پروری کے جشن سیمیں میں حصہ لے رہا ہے۔

اس باتصویر تذکرہ مُرقع سخن میں اعلیٰحضرت سُلطان العلوم کی پچیس[۲۵] سالہ جوبلی کی مناسبت سے حیدر آباد کے پچیس[۲۵] ہی اُردو شاعروں کے حالات معہ نمونہ کلام مندرج ہیں۔ سلاطین آصفیہ کے زیر سایہ گذشتہ سوا دوسو سال کی مدت میں سیکڑوں بلند پایہ شعرا حیدر آباد میں پیدا ہوئے، اور سیکڑوں ہی بیرونِ ملک سے ان علم پرور فرمانرواؤں اور اُن کے سخن دوست امرا کی سرپرستی شعر و سخن سے مستفید ہونے کی خاطر حیدر آباد آئے۔ اُن سب کے حالات اور کلام پر ایک ہی جگہ تبصرہ نہیں کیا جا سکتا۔

اِس لئے اِس موقع پر صرف پچیس شاعروں سے متعلق یہ پہلی قسط پیش کی جا رہی ہے۔ اگر اُس کی کماحقہٗ قدر کی گئی تو متعاقب اس کے دوسرے حصص بھی منظر عام پر آئیں گے جن میں حیدر آبادی شعراء کے علاوہ شمالی ہند کے ایسے شاعروں کے حالات اور نمونہ کلام بھی درج ہوگا جنھیں قدردانی کی شہرت حیدر آباد لے آئی اور جو یہیں کے ہو رہے۔ اِس طرح دکن کی اُردو شاعری کی ایک مکمل تاریخ اور یہاں کے باکمال شاعروں کا ایک مبسوط تذکرہ مرتب ہو جائے گا۔

حیدر آباد کی اُردو شاعری فطرتی طور پر دو جدا جدا حصوں میں تقسیم ہو جاتی ہے۔ پہلا حصہ عہد قطب شاہیہ کی شعری پیداوار پر مشتمل ہے اور دوسرے میں عہد آصف جاہیہ کے گنجینہ ہائے شعر و سخن شامل ہیں۔ پہلے حصہ کی نسبت اِس وقت

اُدبی تاثرات مُرقعٔ سخن جلد اول

تک متعدد کتابوں (مثلاً اُردوئے قدیم، اُردو شہ پارے، محبوب الزمن، دکن میں اُردو یورپ میں دکنی مخطوطات، اور جواہرِ سخن وغیرہ) میں تفصیلی معلومات درج ہیں۔ ان میں اول الذکر دو کتابیں تو قطب شاہی اُردو شعر و شاعری کی ایک حد تک مکمل تاریخیں ہیں لیکن صرف عہدِ آصفیہ سے متعلق کوئی ایسی مبسوط کتاب موجود نہیں ہے جو محض اس عہد کی اُردو شعر و شاعری کی مکمل و مبسوط تاریخ سمجھی جا سکے۔ اگرچہ متذکرہ کتابوں اور متفرق رسائل میں اس زمانہ کے اکثر شاعروں کے حالات اور کلام کے چند نمونے شایع ہوئے ہیں لیکن اُن میں سے کوئی بھی عہدِ آصفیہ کے شعر و سخن کی مکمل تاریخ نہیں۔

عہدِ آصفیہ کی اُردو شاعری گوناگوں خصوصیات اور زبان و خیال کے مختلف رجحانات کے اعتبار سے پانچ جداگانہ اَدوار پر منقسم ہوتی ہے۔ پہلا دَور سنہ ۱۱۵۰ھ سے سنہ ۱۲۰۰ھ تک قرار پاتا ہے۔ اِس دَور کے پچاس سے زیادہ اُردو شاعروں کا پتہ چلا ہے جن میں اکثر اورنگ آبادی ہیں لیکن جب سنہ ۱۱۸۰ھ میں حیدرآباد سلطنت آصفیہ کا دارالحکومت قرار پایا علمی چہل پہل اور شعر و سخن کی سرگرمیاں بھی یہیں منتقل ہوگئیں۔ اِس دَور کے متعدد شعراء اساتذۂ فن سمجھے جاتے ہیں۔ اُن میں سے اکثروں کے اُردو دواوین، مثنویوں، مرثیوں، اور قصیدوں وغیرہ کے مجموعے اِس وقت بھی موجود ہیں۔ اِن سب پر اجمالی طور پر ہی کچھ نہ کچھ لکھنے کیلئے ایک جداگانہ کتاب درکار ہے اس لئے اِس مرقع میں اس دَور کے چار شاعروں کے حالات اور اُن کے کلام کے نمونے پیش کئے گئے ہیں۔

عہدِ آصفیہ میں اُردو شاعری کا دوسرا دور سنہ ۱۲۰۰ھ سے سنہ ۱۲۲۵ھ تک کے

زمانہ پر مشتمل ہے۔ اس دور میں نواب نظام علی خاں آصفجاہ ثانی (۱۲۱۸ھ) اور نواب سکندر جاہ آصفجاہ ثالث (۱۲۴۴ھ) کے علاوہ وزرائے سلطنت ارسطو جاہ (۱۲۱۹ھ) اور میر عالم (۱۲۲۳ھ) نے حیدرآباد میں شعر و سخن کی خاص سرپرستی کی ہے جس کا شہرہ سنکر اس دور میں اقصائے ہندوستان سے اردو شاعروں کی دکن میں آمد شروع ہوئی۔ خود حیدرآباد میں اس وقت متعدد باکمال شعرائے اردو موجود تھے جن میں سے چار کا تفصیلی ذکر اس مرقع میں موجود ہے۔

تیسرے دور (۱۲۲۵ھ سے ۱۳۰۰ھ تک) میں نواب سکندر جاہ کے علاوہ نواب ناصر الدولہ آصف جاہ رابع (۱۲۷۳ھ) اور نواب افضل الدولہ آصفجاہ خامس (۱۲۸۵ھ) اور ان کے وزرا و امرا مثلاً مہاراجہ چندو لال شاداں (۱۲۶۱ھ) اور نواب فخر الدین خاں شمس الامراء (۱۲۷۹ھ) اور ان کے فرزندوں کی بے نظیر سرپرستیوں نے حیدرآباد کو اردو ادب کا مرکز بنا دیا۔ یہ دراصل فیض (۱۲۸۳ھ) اور ان کے تلامذہ کا عہد تھا۔ اس دور سے متعلق اس مرقع میں چھ شاعروں کے حالات اور کلام کے نمونے درج ہیں۔

اس وقت حیدرآباد میں متعدد ایسے باکمال شعرا موجود تھے جو یہاں کی قدردانی سخن سے مستفید ہونے کے لئے دور دراز مقامات سے آتے رہے اور جن میں سے بعض تو یہیں رہ گئے اور حیدرآباد ہی کو اپنا وطن قرار دے لیا۔ یہ پچھتر سال اردو شاعری کے عہد زرین سمجھے جا سکتے ہیں کیونکہ اسی زمانہ میں دکن کے علاوہ شمالی ہند میں بھی متعدد اعلیٰ پایہ اساتذۂ سخن موجود تھے۔

چوتھا دور سنہ ۱۳۰۰ھ سے ۱۳۳۰ھ تک قرار دیا جا سکتا ہے۔ یہ دور بھی عہد ماضی کے

مانند نہایت درخشاں رہا۔ نواب محبوب علی خاں آصفجاہ سادس (۱۳۲۹ھ) ادب نواز اور شعر و سخن کے قدرداں ہونے کے علاوہ خود بھی شاعر تھے۔ یوں تو شمالی ہند کے شعراء کی آمد و رفت کا سلسلہ پہلے سے قائم ہو چکا تھا۔ اِس دَور میں اور بھی اُس میں اِضافہ ہوا۔ اِس باہمی میل جول کا شاعری پر بھی اچھا اثر پڑا۔ سب کا رجحان صحیح شاعری کی طرف تھا۔ ایک نے دوسرے سے اِستفادہ کیا اور متفقہ طور پر اصلاحِ زبان کی طرف خاص توجہ رہی۔ رفتہ رفتہ متروکات کی بنیاد مضبوط ہوتی گئی اور اُسلوبِ بیان بھی بدل گیا۔ اِس مُرقع میں اِس دَور کے چھ شاعروں پر تفصیلی تبصرہ کرنے کے علاوہ متعدد معاصر شعراء کی تصویریں بھی شریک کی گئی ہیں۔

پانچواں دَور (۱۳۳۰ھ سے ۱۳۵۴ھ تک) درحقیقت دکن کی اُردو سرپرستی کا تابناک عہد ہے۔ حضرت سُلطان العلوم آصفجاہ سابع خود بلند پایہ شاعر اور قدردانِ سخن ہیں ولیعہدِ سلطنت والا شان نواب اعظم جاہ بہادر اعظم اور شہزادہ والا شان معظم جاہ بہادر شجیع کے علاوہ دوسرے شہزادگانِ والا تبار کو بھی شعر و سخن سے خاص دلچسپی ہے۔ امرائے عظام میں مہاراجہ سرکشن پرشاد یمین السلطنت شادؔ، نواب حسام الملک خانخاناں آصفیؔ، نواب معین الدولہ معینؔ اور نواب لطف الدولہ لطفؔ کو بھی شعر و شاعری کا خاص ذوق رہا ہے۔ اِس وقت حیدرآباد میں سیکڑوں اُردو شاعر موجود ہیں لیکن اِس مرقع میں پانچ شاعروں کے حالات اور نمونۂ کلام درج ہے نیز اُن شاعروں کے نام اور تصویریں بھی شریک ہیں جنھوں نے اپنی عمر کے چالیس سال ختم کر کے دُنیائے شاعری میں شہرت حاصل کر لی ہے۔

تذکرہ پانچ ادوار کو ملحوظ رکھ کر اِس مرقع کو مرتب کیا گیا ہے۔ ہر دَور

ادبی تاثرات مُرقّعِ سخن جلد اوّل

ایک تمہید سے شروع ہوتا ہے جس میں اُسی زمانہ کے قدردانانِ سخن کے نام، شاعری کی خصوصیات، اور مشہور شاعروں کی فہرست درج ہے۔ حیدرآبادی شعراء کے علاوہ ان شاعروں کے نام بھی لکھے گئے ہیں جو اُس زمانہ میں باہر سے حیدرآباد آئے اور ہر تمہید کے آخر میں شمالی ہند کے اُن مشہور اساتذۂ سخن کے نام بھی بتلا دئے گئے ہیں جو اُس دَور کے شعرائے حیدرآباد کے معاصر تھے۔ اِس صراحت سے اس مُرقّع کے مطالعہ کرنے والوں کو اُردو کے اُن تمام شاعروں کے متعلق تاریخ وار علم حاصل ہوگا جنھوں نے گذشتہ سوا دو سو سال میں اپنے مسلسل خدمات اور گراں بہا کارناموں کی وجہ سے زبانِ اُردو کو دنیا کی اعلیٰ سے اعلیٰ اور ترقی یافتہ زبانوں کے ہم پلّہ بنادیا۔

اِس مُرقّع میں اُن شاعروں کی تصویروں کے علاوہ جن کا تذکرہ درج کیا گیا ہے، ہر دَور کے قدردانانِ شعر و سخن یعنے سلاطین آصفیہ اور وزراء و امراکی تصادیر بھی شریک ہیں۔ نیز ہر دَور کے اُن جملہ معاصر شعراء کی تصاویر کو بھی شامل کرنے کی کوشش کی گئی ہے جن کے نام تمہیدوں میں درج ہیں۔ تصاویر کی فراہمی اور طباعت کے انتظامات میں خاص زحمت اٹھانی پڑی ہے۔ ادارہ نواب محمد ظہیر الدین خاں صاحب اور مولوی سراج الدین صاحب طاؔلب کا شکر گذار ہے کہ اُنھوں نے اِس بارے میں ادارہ کی مدد کی۔ اِس خصوص میں مولوی مرزا قدرت اللہ بیگ صاحب کی امداد بھی قابلِ تحسین ہے۔

مرقع کے جملہ مضمون نگار جامعہ عثمانیہ کے تعلیم یافتہ یا متعلم ہیں اور ادارۂ اُدبیاتِ اُردو کے ممد و معاون۔ مضامین میں اِس امر کی کوشش کی گئی ہے کہ

ہر شاعر کے سوانح زندگی کے ساتھ اس کا تھوڑا بہت کلام بھی پیش کیا جائے تاکہ دکن کے گذشتہ دو سو سال کے اُردو شاعروں کا ہر رنگ کا کلام پیش نظر ہو جائے۔ اس مُرقع کا مطالعہ کرنے والے جہاں سراج، شیدا اور ایمان جیسے بلند پایہ مثنوی نگاروں کی مثنویوں کے نمونوں سے لُطف اندوز ہوں گے تجلی، ایمان، اور قیس کے قصائد کے منتخب اشعار سے بھی محظوظ ہوں گے؛ اس میں جہاں باقی، عصر اور امجد کی پُر تاثیر رباعیوں کے نمونے شامل ہیں۔ درگاہ، ناجی اور سرور کے رقت آمیز مرثیوں اور نوحوں کے انتخابات بھی درج ہیں۔ اسی طرح جہاں فیض، عصر، اور ناجی جیسے باکمال تاریخ گو شعرا کی بعض تاریخیں نظر سے گذرتی ہیں، قیس کی دلچسپ ریختی بھی اپنی طرف متوجہ کر لیتی ہے۔ تغزل کے دلدادگان کے لئے سراج، چندا، فیض، فیاض، نائل، عزیز، توفیق اور صفی کے کلام کے نمونے بہترین سوغات کا کام دیں گے۔ تصوف و عرفان اور اعلیٰ تخیلات و احساسات سے ذوق رکھنے والے سراج، فیض، توفیق، شاد، صغیر اور امجد کے کلام سے خاص کیف حاصل کریں گے۔ اسی طرح بندش محاورہ اور لطف زبان کا چسکا ہو تو تمیز، عصر، عزیز، کیفی، اور صفی کے کلام کے نمونے بھی موجود ہیں۔ غرض ہر رنگ کے شاعروں کے حالات اور ہر طرز کی شاعری کے نمونے اس مرقع میں یکجا جمع ہو گئے ہیں۔

اس سلسلہ میں اس واقعہ کا اظہار بھی ضروری ہے کہ شاعروں کے حالات اور کلام کی فراہمی میں ہر ممکنہ ذرائع سے استفادہ کیا گیا ہے۔ اور مضامین کو تحقیقی طرز سے زیادہ ادبی رنگ میں پیش کرنے کی کوشش کی گئی ہے بہت

ممکن ہے کہ اِنہی شاعروں سے متعلق مزید تحقیق وتفتیش کے ذرائع سے اور زیادہ معلومات حاصل ہو سکیں اور اُن کے کلام کے ایسے مجموعے بھی مل سکیں جو اِس وقت دستیاب نہو سکے۔ یہ بعد میں کام کرنے اور دکن کی اُردو شعروشاعری سے ذوق رکھنے والوں کا کام ہے کہ وہ ان ابتدائی تعارفی مساعی کی تکمیل کی طرف متوجہ ہوں اور ان میں سے ہر شاعر پر ایک جداگانہ کتاب مُرتب کریں۔

مُرقعِ سخن (جلد دُوم)

(نوٹ: اقتباس تقریب مرقع سخن جلد دوم مطبوعہ ۱۹۳۷ء)

مُرقع سخن کی پہلی جلد میں اعلیٰحضرت سُلطان العلوم کی پچیس سالہ جوبلی کی مناسبت سے حیدرآباد کے صرف پچیس شاعروں کے حالات اور نمونۂ کلام شایع کیا گیا اور اَب دوسری جلد میں اور پچاس شاعروں کے حالاتِ زندگی اور نمونۂ کلام درج ہے۔ اور اِس کی ایک خصوصیت یہ ہے کہ اِس میں التزام کیا گیا ہے کہ خانوادۂ آصفی کے اُن جملہ اراکین پر جُداگانہ مضامین لکھے جائیں جنھوں نے اُردو شعر وسخن کی سرپرستی کی اور فارسی کے علاوہ اُردو میں بھی اپنا کلام یادگار چھوڑا چنانچہ اِس کتاب کے آئندہ صفحات میں حضرت آصف جاہ اولؒ نواب ناصر جنگ شہید، حضرت غفران مکاں آصفجاہ سادس، اعلیٰحضرت سلطان العلوم آصفجاہ سابع اور شہزادگانِ والاشان نواب اعظم جاہ بہادر اعظم اور نواب معظم جاہ بہادر شجیع، نیز طبقۂ صاحبزادگان میں صاحبزادہ آصف یاور الملک وزیر، صاحبزادہ میر جہاں دار علی خاں فانی صاحبزادہ میر معین الدین علیخاں شباب اور صاحبزادہ میر آفتاب علی خاں قہر کے حالات اور کلام کے نمونے شامل کیے جارہے ہیں۔

شاہی خاندان کے علاوہ امرائے عظام میں معین الدولہ بہادر امیر پائیگاہ آسمان جاہی نواب لطف الدولہ مرحوم امیر پائیگاہ خورشید جاہی، نواب حسام الملک خانخاناں آصفی مرحوم اور صوفیائے کرام میں حضرت شاہ خاموش، حضرت آغا داؤد، حضرت امیر حمزہ اور حضرت

عبدالقدیر صدیقی حسرت کے حالاتِ زندگی اور نمونۂ کلام بھی درج کیا جا رہا ہے۔

سلاطینِ آصفیہ کے زیرِ سایہ گذشتہ سوا دو سو سال کی مدت میں سیکڑوں بلند پایہ شاعر حیدرآباد میں پیدا ہوئے اور سیکڑوں ہی بیرونِ ملک سے ان علم پرور فرمانرواؤں اور اُن کے سخن دوست امرا کی سرپرستی شعر و سخن سے مستفید ہونے کی خاطر حیدرآباد آئے اُن سب کے کلام اور حالات پر ایک ہی جگہ تبصرہ نہیں کیا جا سکتا اس لئے اِس مرقع کی پہلی جلد میں صرف پچیس شاعروں سے متعلق ایک پہلی قسط پیش کی گئی تھی اور وعدہ کیا گیا تھا کہ اگر ان کی کما حقہٗ قدر کی گئی تو متعاقب اس کے دوسرے حصص بھی منظرِ عام پر آسکیں گے جن میں حیدرآبادی شعراء کے علاوہ شمالی ہند کے ایسے شاعروں کا نمونۂ کلام اور حالات درج ہوں گے جنھیں قدردانی کی شہرت حیدرآباد لے آئی اور جو یہیں کے ہو رہے اِس طرح دکن کی اُردو شاعری کی ایک مکمل تاریخ اور یہاں کے باکمال شاعروں کا ایک مبسوط تذکرہ مرتب ہو جائے گا۔

بڑی خوشی کی بات ہے کہ مرقع سخن کی پہلی جلد کی خاطر خواہ قدر کی گئی اور ممالک محروسہ کے علاوہ شمالی ہند کے اخبارات و رسائل نے بھی اس پر ہمت افزا تبصرے شائع کئے۔ حکومت کی طرف سے بھی اِس کام کو قابلِ ہمت افزائی سمجھا گیا۔ اور ملک کے علم دوست امراء نے بھی سلسلہ کی طرف خاطر خواہ توجہ مبذول کی جس کی بنا پر ہم ایفائے عہد کے قابل ہو سکے چنانچہ مرقع سخن کی دوسری جلد شائع کی جا رہی ہے جس میں پہلی جلد سے دوگنی تعداد میں یعنے پچاس شاعروں کے حالاتِ اور نمونہ جاتِ کلام پیش ہیں۔

شعرائے عثمانیہ

(دیباچہ عمومی شعرائے عثمانیہ مرتبہ معین الدین صاحب قریشی و عبدالقیوم خان صاحب باقی مطبوعہ سنہ ۱۹۳۹ء)

مرقع سخن کی پہلی دو جلدوں کی اشاعت کے بعد سے ضرورت محسوس کی جا رہی تھی کہ جامعہ عثمانیہ کے فارغ التحصیل شعرا کے کلام کا انتخاب بھی اسی طرز پر پیش کیا جائے۔ چنانچہ دو سال پیشتر مولوی سید محمد صاحب لکچرار اردو سٹی کالج نے یہ کام اپنی نگرانی میں مولوی مہدی حسن صاحب (عثمانیہ) سے شروع کرا دیا تھا۔ بعد کو ادارۂ ادبیاتِ اردو کی خواہش پر یہ تمام مواد مولوی سید معین الدین صاحب قریشی اور مولوی عبدالقیوم خاں صاحب باقی کے سپرد کر دیا گیا تاکہ یہ دونوں اصحاب اس پر نظر ثانی کریں اور جلد سے جلد اشاعت کے قابل بنائیں۔ اس نظر ثانی نے کام کی اصل اسکیم میں کچھ تبدیلی کی ضرورت محسوس کی۔ چنانچہ ہر شاعر کے حالاتِ زندگی سے متعلق پہلے جو نوٹ لکھے گئے تھے ان کی جگہ اب دوسرے نوٹ مرتب کئے گئے جن میں حالات کی جگہ خصوصیاتِ کلام پر زور دیا گیا ہے۔ ان نوٹس کی تیاری، کلام کے انتخاب، ترتیب اور ضروری مراسلت کا کام اگرچہ قریشی اور باقی صاحبان نے باہم اشتراک عمل کے ساتھ کیا ہے لیکن عملی طور پر باقی صاحب نے اس کی تکمیل میں خاص زحمت اٹھائی اور ابتدائی تقریب بھی آنہی کی لکھی ہوئی ہے۔

اس مجموعہ کے لئے اگرچہ شعرا کے انتخاب میں معیار کو ملحوظ رکھا گیا ہے۔

لیکن اِس کا اِمکان ہے کہ بعض ایسے شاعر رَہ گئے ہوں جنھیں اِس تذکرہ میں شریک کیا جا سکتا تھا۔ جو نظمیں شامل ہیں وہ زیادہ تر خود شعراء کی منتخب کی ہوئی ہیں۔ یا جن کی ترتیب میں مرتبین نے اپنے اِنتخاب کے ساتھ ان کی رائے کو ملحوظ رکھا ہے۔ بعض شعراء مثلاً وَجد، بَرقی، اور مخدوم وغیرہ نے خود ہی اپنے کلام کا پُورا پُورا اِنتخاب روانہ کیا اور ان کی خواہش کے مطابق مرتبین نے اس میں اپنی طرف سے کوئی کمی یا اِضافہ نہیں کیا ہے۔

ہر شاعر کے کلام میں سے اَوسطاً دس نظمیں اور پانچ غزلیں پیش کی گئی ہیں تاکہ ہر ایک کے دل و دماغ اور خصوصیاتِ کلام کا کافی اندازہ ہو سکے۔ نظموں اور غزلوں میں اگر کوئی مقام نظرِ ثانی کے محتاج تھے تو اُن کو یا حذف کر دیا گیا ہے یا خود مصنف کی ذمہ داری پر چھوڑ دیا گیا ہے۔ البتہ کہیں کہیں طویل نظموں یا غزلوں کے اِقتباس لینے میں مُرتبین نے اپنے حقِ اِنتخاب سے کام لیا ہے۔

اِس مجموعہ میں مطبوعہ اور غیر مطبوعہ دونوں طرح کا کلام شامل ہے۔ جن شعراء کا کلام پیش کیا گیا ہے اُن میں بعض مثلاً اَمیرؔ، شمیمؔ اور بیکسؔ وغیرہ کے تو مجموعے بھی شایع ہو چکے ہیں اور بعض ایسے بھی ہیں مثلاً میر حسن الدین رُشدی، ڈاکٹر بدرؔ، اور اکبر وفاقانی وغیرہ جنھوں نے راقم الحروف کی طرح اپنی دوسری مصروفیتوں کی وجہ سے شعر گوئی کم کر دی یا چھوڑ دی ہے لیکن شاعر کی حیثیت یا تخلص کی وجہ سے شہرت حاصل کر چکے ہیں۔ یہ اَمر بھی قابلِ اظہار ہے کہ طیلسانئین یا عثمانیہ کے طلبۂ قدیم کے ساتھ ساتھ دو عثمانی

خواتین کو بھی اِس اِنتخاب میں شامل کیا گیا ہے اور چونکہ دو ایک شعرانے اپنا کلام دیر سے رَوانہ کیا اِس لئے اَفسوس ہے کہ حروف تہجی کی ترتیب باقی نہ رَہ سکی

یہ کتاب جیسا کہ اس کی تقریب میں لکھا گیا ہے ایک قسم کی اُدبی یادداشت ہے اور اس میں کافی گنجائش ہے کہ بعد میں کام کرنے والے دوسرے ایڈیشن میں اِضافہ کریں۔ یہ سلسلہ جامعہ عثمانیہ کے ساتھ ساتھ جاری رَہے گا۔ نئے شاعر پیدا ہوتے رہیں گے اور شعرائے عثمانیہ کا نام قائم رکھیں گے۔

سائنس کے کرشمے

(دیباچہ سائنس کے کرشمے مرتبہ میر حسن صاحب ایم۔ اے مطبوعہ ۱۹۳۹ء)

اُردو زبان کی ترقی، استحکام اور بقا کے لئے ضروری ہے کہ اِس میں شعروسخن اور ناول و اَفسانہ کے ساتھ ساتھ ایسے علوم جدیدہ کی معلومات بھی موجود ہوں جو ترقی یافتہ زبانوں میں عام ہو چکی ہیں۔ سائنس کے کرشمے اَب کرشمے نہیں رَہے بلکہ معمولی اور روزمرہ کی باتیں ہیں، اور ہماری قوم کا بچہ بچہ بھی اُن کو اَب کرشمہ نہیں سمجھتا لیکن کرشمہ نہ سمجھنا اور بات ہے اور اس کی حقیقت اور اصلیت سے واقف رہنا اور بات ہے۔ یہی فرق ہے جو ایک قوم کو مہذب اور دوسری کو غیر مہذب قرار دیتا ہے، اور اسی لئے ایک زبان ترقی یافتہ اور دوسری غیر ترقی یافتہ سمجھی جاتی ہے۔

اِس میں کوئی شک نہیں کہ شعر و اِنشا کے ذریعہ سے قوم کے ذوق اور زبان کی قوت و لطافت کا اِستحکام ہوتا ہے لیکن جب تک کسی زبان میں کائنات کے اسرار اور سائنس کی اختراعات کی تشریح و توضیح کرسکنے کی قوت نہ ہوگی وہ زبان ناقص اور اس کے بولنے والے دقیانوسی سمجھے جائیں گے۔ یہ تو سائنس کی اِبتدائی باتیں ہیں اور اَب عہدِ حاضر نے تو اِس میں اِتنی ترقی کی ہے کہ یہ بجائے خود ایک معجزہ معلوم ہوتا ہے۔ لیکن اَفسوس ہے کہ اُردو میں اِبتدائی باتوں ہی کے متعلق شگفتہ اور سلیس زبان میں صحیح اور ضروری معلومات موجود

ہنیں ہیں۔ اِس لئے اِدارۂ اَدبیاتِ اُردو کی طرف سے " سائنس کے کرشمے" کے عنوان سے یہ کتاب شایع کی جا رہی ہے جس میں ہوا' پانی' بجلی' ہوابازی ٹیلی ویژن اور ربر جیسے موضوعوں پر ماہرین سائنس کے مضامین درج ہیں۔ اور آئندہ ایسے ہی ضروری موضوعوں پر چھوٹے چھوٹے رسالے اور مجموعے بھی شایع ہو سکیں گے۔

اِدارۂ اَدبیاتِ اُردو کا شعبۂ سائنس ایسے ماہرینِ فن پر مشتمل ہے جن میں سے ہر ایک نے اپنے اپنے موضوع میں اِمتیاز حاصل کیا ہے اور توقع ہے کہ یہ شعبہ بہت جلد اُردو میں سائنس کی دقیق سے دقیق معلومات و اکتشافات کو سہل اور سادہ زبان میں منتقل کر دے گا۔

آب دوز اور سُرنگ وغیرہ

(دیباچہ عمومی پانی کی کہانی اور آب دوز و سُرنگ وغیرہ از مولوی فیض محمد صاحب صدیقی مطبوعہ ۱۹۴۱ء)

سائنس اور عام فہم سائنس پر اُردو میں بہت کم کتابیں ہیں جس کی وجہ سے اُردو داں حضرات کو سائنسی ترقیوں سے واقفیت حاصل کرنے کا بہت کم موقع ملتا ہے۔ اس سلسلے کی اشاعت کی غرض صرف یہی ہے کہ عام اُردو جاننے والوں اور اُن طلباء کو جو سائنس پڑھتے ہوں، سائنس کی بڑھتی ہوئی ترقیوں سے واقف کرایا جائے تاکہ وہ اپنے ماحول کو اچھی طرح سمجھکر تلطف اندوز ہوسکیں۔

اس میں شک نہیں کہ سائنس نے اِس دَور میں خاصی ترقی کرلی ہے اور اُس کا معیار اِتنا بلند ہوگیا ہے کہ اس کے اصولوں کو اور عمل کو سمجھنا آسان بات نہیں۔ لیکن ہم اِتنا ضرور کرسکتے ہیں کہ اُن اساسی باتوں کو معلوم کرلیں جو ان تحقیقات اور ایجادات کی بنیاد ہیں اور پھر ساتھ ہی اُن کے اِستعمال سے بھی واقف ہوجائیں اور یہ دیکھیں کہ وہ ہماری رُوزمرہ زندگی سے کس طرح وابستہ ہیں۔ عہدِ حاضر میں ہوائی جہازوں، آبدوز کشتیوں، ریڈیو، دور نمائی، ریڈیم، لاشعاعوں اور دیگر بیشمار ایجادات واختراعات سے واقفیت نہ رکھنا اپنے آپ کو اُن کے فائدوں سے محروم کرلینا ہے۔

اس مقصد کو پیش نظر رکھکر اِدارۂ ادبیاتِ اُردو نے ایسی چھوٹی چھوٹی کتابوں کی اِشاعت کا بیڑا اُٹھایا ہے جن کو ہر اُردو داں آسانی سے پڑھ اور سمجھ سکے۔ ہر کتاب ایک خاص سائنسی موضوع کو عام فہم زبان میں پیش کرتی ہے اور اس میں ٹھوس

اُدبی تاثرات　آب دوز اور سُرنگ وغیرہ

سائنسی مسائل کو قطعاً نظر انداز کر دیا گیا ہے۔ جگہ جگہ مُناسب اور ضروری تصویریں بھی دی گئی ہیں تاکہ مطلب اچھی طرح واضح ہو جائے۔

اِس سلسلے کی ترتیب و اِشاعت اصل میں مولوی فیض محمد صاحب کی تحریک کا نتیجہ ہے۔ جو کئی سال سے اُردو میں سائنس کی معلومات کو عام کرنے کی بڑی مستحسن کوشش کر رہے ہیں۔ اِدارۂ اَدبیاتِ اُردو نے شعبۂ سائنس کا آغاز اُنہی کی بڑھتی ہوئی سرگرمیوں کے بعد کیا ہے۔ اور بڑی خوشی کی بات ہے کہ اس شعبہ کو ڈاکٹر قاضی معین الدین صاحب ایم۔ اِیس۔ سی۔ پی۔ ایچ۔ ڈی (لندن) جیسا معتمد مِل گیا جو اِس شعبے کے کام کو نہایت خوش سلیقگی سے آگے بڑھا رہے ہیں۔ توقع ہے کہ ان اصحاب کی دلچسپیوں کی وجہ سے اِدارۂ اَدبیاتِ اُردو سائنس کی عام فہم معلومات کو سَلیس و سَادہ اُردو میں منتقل کرنے میں کامیاب رہے گا۔

فَنِ تقریر

(دیباچۂ عمومی فنِ تقریر مطبوعہ سنہ ۱۹۴۰ء)

اِنسان حیوانِ ناطق ہے۔ اِس بولنے والے جاندار کو دُنیا کی دوسری مخلوقات پر اِسی وجہ سے اِمتیاز حاصل ہے کہ وہ بول سکتا ہے۔ اس کے اشرف المخلوقات کہلائے جانے کا اہم سبب اُس کا نطق سے سرفراز ہونا ہی قرار دیا جاتا ہے۔ اور یہ ظاہر ہے کہ جو اِنسان بہت اچھا بول سکتا ہے وہ دوسرے اِنسانوں پر یقیناً فضیلت رکھتا ہے۔ یہی وجہ ہے کہ نجی گفتگو ہو یا مجمع کی تقریر دونوں موقعوں پر وہی شخص بازی لیجاتا ہے جس کو اپنی قوتِ گویائی پر قابو ہوتا ہے اور جو اپنے خیالات کو ایک خاص سلیقے اور خوبی کے ساتھ دوسروں پر ظاہر کر سکتا ہو۔

دُنیا کی تاریخ پر نظر ڈالنے سے پتہ چلتا ہے کہ جن قوموں نے عروج حاصل کیا اور سماجی نقطۂ نظر سے کامیاب اور شائستہ زندگی بسر کی اُنہی میں اعلیٰ درجے کے مقرر پیدا ہوئے۔ اِس سے معلوم ہوتا ہے کہ قوتِ تقریر میں کمال پیدا ہونا انتہائی تہذیب و شائستگی کی دلیل ہے۔ عربوں، یونانیوں، رُومیوں، فرانسیسوں اور انگریزوں میں جتنے بڑے بڑے مقرر پیدا ہوئے دنیا کی دوسری قوموں میں اُنکی نظیر نہیں ملتی۔ اور یہی وہ قومیں ہیں جنھوں نے اِنسان کی تاریخ اور تمدن کے بنانے میں بہت بڑا حصّہ لیا ہے۔

غرض اِنفرادی کامیابی ہو کہ اِجتماعی دونوں کے لئے فنِ تقریر میں کمال پیدا کرنا

ادبی تاثرات فن تقریر

نہایت ضروری ہے اور عہدِ حاضر میں تولاسلکی کی وجہ سے اِس فن کو اور بھی اہمیت حاصل ہوگئی ہے۔ پہلے جن تقریروں کو ایک وقت میں صرف ایک ہی مکان یا محلہ یا شہر کے لوگ سن سکتے تھے اَب ریڈیو کے ذریعہ سے پوری قوم، پورے ملک بلکہ تمام دُنیا کے لوگ سن سکتے ہیں۔ غرض تقریر ایک ایسی قوت ہے جس کی اہمیت سے کسی زمانہ اور کسی ملک میں اِنکار نہیں کیا جا سکتا۔ یہ آج بھی اتنا ہی اَثر رکھتی ہے جتنا کہ ہزاروں سال قبل رکھتی تھی۔

ہندستان میں یہ فن ایک عرصہ سے کس مپرسی کی حالت میں پڑا رہا۔ اگرچہ ہر زمانہ میں ایسے لوگ پیدا ہوتے رہے جنھیں قدرت کی طرف سے تقریر کا خاص ملکہ عطا کیا گیا تھا۔ لیکن عام طور پر لوگوں نے اِس قوت میں ترقی دینے اور اس سے فائدہ اُٹھانے کی طرف توجہ نہیں کی۔ اور جب سے مغربی تعلیم عام ہوئی ہے اور گھر گھر علم کا چرچا ہونے لگا ہے تو لوگوں کو اخباروں اور رسالوں کی وجہ سے گھر بیٹھے دور دراز ملکوں کے واقعات اور ہر قسم کی معلومات حاصل ہونے لگیں۔ قدیم زمانے میں یہ واقعات اور خبریں صرف فصیح البیان مقرروں کی تقریروں ہی کے ذریعہ سے معلوم ہوتی تھیں۔

کسی قوم میں تقریر کی طرف سے بے توجہی اُسی وقت پیدا ہوتی ہے جب کہ اُس کے پیش نظر کوئی خاص تحریکات نہ ہوں۔ اور اس کی زندگی بغیر سیاسی یا مذہبی ہیجانات کے بسر ہو رہی ہو۔ یہی وجہ ہے کہ جب سے ہندوستان میں کانگریس اور مسلم لیگ کی تحریکات شروع ہوئیں فن تقریر کی طرف بھی رفتہ رفتہ اہل ہند نے توجہ شروع کی اسی لئے اِس ملک میں جدید فنِ تقریر کے بانیوں میں سر سید احمد خاں

اور بابو کیشب چندر سین کے نام ہمیشہ احترام سے لئے جائیں گے۔ اور اس میں تو کوئی شبہ نہیں کہ اُردو میں اعلیٰ پایہ کی تقریروں کا آغاز سرسید ہی کی قومی، مذہبی اور ریاسی سرگرمیوں کی وجہ سے ہوا۔ یہ سرسید ہی کا لگایا ہوا پودا تھا جو نواب محسن الملک، شمس العلما مولوی نذیر احمد، مولنا عبدالباری فرنگی محلی، مولوی عزیز مرزا، مولوی ظفر علی خاں، مولنا محمد علی اور مولنا ابوالکلام آزاد کی آبیاریوں کی وجہ سے اَب ایک ایسا تناور اور سرسبز و شاداب درخت بن گیا ہے کہ نواب بہادر یار جنگ بہادر جیسا گل سرسبد اُردو کو حاصل ہوا۔

یہ اہل حیدرآباد کی خوش قسمتی تھی کہ ان کے ملک سے ایک ایسا اعلیٰ پایہ مقرر پیدا ہوا جس کی ٹکر کا کوئی مقرر آج تمام اُردو دنیا میں نہیں۔ اَب یہ اِس سرزمین کے رہنے والوں اور اُردو زبان بولنے والوں کا کام ہے کہ اس سعادت سے فائدہ اُٹھائیں اور اپنے اِس فصیح البیان مقرر کی خصوصیات اور کمالات کو پیش نظر رکھ کر خود بھی فنِ تقریر میں کمال حاصل کرنے کی کوشش کریں۔ یہ کتاب ایسے ہی باہمت اَفراد کی مدد اور سہولت کے لئے مرتب کی گئی ہے۔

اگرچہ کچھ عرصہ سے اُردو میں تصنیف و تالیف کا ذوق عام ہوتا جارہا ہے اور ہر روز کوئی نہ کوئی نئی کتاب یا رسالہ ہماری نظر سے گذرتا ہے لیکن ایک ترقی پذیر قوم کے ہر فرد کو یہ حقیقت یاد رکھنی چاہئیے کہ تحریر میں تقریر کی بات نہیں آتی۔ تحریر سے تقریر کا کام نہیں لیا جاسکتا۔ اِس میں کوئی شبہ نہیں کہ دماغ پر تحریر کا اَثر زیادہ ہوتا ہے لیکن اگر جذبات اور احساسات کو بیدار کرنا ہو تو تقریر ہی کی ضرورت پڑتی ہے۔ تحریر کے ذریعہ سے لوگوں کو عمل کی طرف اِتنا جلد راغب نہیں کیا جاسکتا

جتنا کہ تقریر سے کر سکتے ہیں۔ ہر اہم معاملہ میں صرف تقریر ہی کے ذریعہ سے کامیابی حاصل کی جا سکتی ہے۔ تقریر ہی سے مُردہ دل زندہ ہو جاتے ہیں۔ سوئے ہوئے جاگ پڑتے ہیں۔ اور ہاتھ پر ہاتھ دھرے بیٹھے ہوئے لوگ سرگرمِ عمل ہو جاتے ہیں۔ تقریر ایک بُولتا ہوا جادو ہے جو مقرر کی زبان سے نکلتے ہی سامعین کے دِل و دماغ کو اپنے قبضے میں کر لیتا ہے۔ یہ ایک ایسی قوت ہے جو وہ کام کر جاتی ہے جو دنیا کی بڑی بڑی دولت بھی سرانجام نہیں کر سکتی۔

ہندستان کی بدلتی ہوئی سیاست اِس امر کی مقتضی ہے کہ اس کی نئی پود اِس دولت سے مالامال ہو۔ اور اِس میں کوئی شک نہیں کہ وہی جماعت اپنے مقاصد میں کامیاب ہو سکے گی جس کے زیادہ سے زیادہ افراد اِس کمال سے بہرہ ور ہوں۔ اور جس میں اعلیٰ پایہ کے مقرر موجود ہوں۔

اگرچہ ترقی یافتہ زبانوں میں فن تقریر و خطابت سے متعلق کئی کتابیں لکھی گئی ہیں اور آئے دن لکھی جا رہی ہیں لیکن عجیب بات یہ ہے کہ اُردو میں اِس موضوع پر کوئی کتاب موجود نہیں۔ اور یہ بھی مولوی سجاد مرزا صاحب کی بالغ نظری اور موقع شناسی کا نتیجہ ہے کہ زیرِ نظر کتاب ادارۂ اَدبیاتِ اُردو کی طرف سے شایع کی جا رہی ہے۔ صاحب موصوف ہی نے تقریباً ایک سال قبل فن تقریر سے متعلق ایک ایسی کتاب ادارہ کو اِشاعت کی غرض سے عنایت کی جو آج سے ٹھیک پچاس سال قبل یعنے ۲۳ ؍اپریل سنہ ۱۸۹۰ء کو شمشیر پریس ناہن سے طبع ہوئی تھی اور جس کے اِبتدائی اور آخری اَوراق غائب ہیں۔ یہ غالباً کسی انگریزی کتاب کا ترجمہ ہے جو ڈیمی سائز کے ۶۰ صفحات پر چھپا ہے اور حسام الدین صاحب ساکن موس بلڈنگ گرانٹ روڈ بمبئی کا نتیجۂ قلم

معلوم ہوتا ہے۔ یہ کتاب اِمتداد زمانہ کی وجہ سے اَب تقریباً نایاب ہوچکی ہے اور پچاس سال قبل کا اُردو ترجمہ ہونے کی وجہ سے اس کی زبان اکثر جگہ ناقابلِ فہم ہے اس لئے اس پر مکمل نظرِثانی کی گئی اور جگہ جگہ کئی عبارتوں کا اِضافہ بھی کیا گیا۔ آخری باب اور تصویریں عہدِ حاضر کی انگریزی اور امریکن مطبوعات سے مدد لے کر تیار کی گئی ہیں اُن کی تیاری و ترتیب میں بھی مولوی سجاد مرزا صاحب نے ذاتی دلچسپی لی اور ادارہ کی خاطر خواہ مدد فرمائی۔ بہرحال یہ کتاب صحیح معنوں میں صاحبِ موصوف ہی کے نام معنون کی جاسکتی ہے۔

یقین ہے کہ مدرسوں کے طلبہ اور تعلیم یافتہ نوجوان اِس کے مطالعہ سے فائدہ اُٹھائیں گے اور اس کی ہدایتوں کو پیش نظر رکھ کر اپنے اپنے مدرسوں اور انجمنوں میں اِس کے مشوروں کے مطابق عمل کر کے اچھی تقریر کرنے میں کامیابی حاصل کریں گے۔

مَصنُوعی بیوِی

(مقدمۂ مصنوعی بیوی مترجمہ عباس حسین نُقطی مطبوعہ ۱۹۲۷ء)

خدا کا لاکھ لاکھ شکر ہے کہ جامعہ عثمانیہ کے تعلیم یافتہ نونہال اُس مقصد کے حصول کی طرف نہایت مستعدی کے ساتھ متوجہ ہوگئے ہیں[1] جو اِس جامعہ کا بنیادی عنصر ہے۔

دنیا کی ترقی یافتہ زبانوں کے مفید اور دلچسپ کارناموں کو اُردو میں منتقل کرنا اس زبان کی موجودہ حالتوں کے پیش نظر ایک نہایت قابل قدر اور کارآمد خدمت ہے۔ اور ہمیں ایک اِفتخار سا محسوس ہوتا ہے، جب ہم یہ دیکھتے ہیں کہ ہماری جامعہ کے تربیت کردہ نوجوانوں کا اس قسم کی خدمات میں بہت زیادہ حصّہ ہے۔

مولوی عباس حسین نُقطی اِس وقت بی۔ اِے کی آخری جماعت میں تعلیم پا رہے ہیں۔ باوجود دَرسی مشغولیتوں کے وہ اِس وقت تک برابر علمی واَدبی تحریکات میں حصّہ لیتے رہے ہیں۔ اُن کی موجودہ اَدبی کوشش ایک دلچسپ انگریزی ناول (ہزمیک بلیو وائف) کا ترجمہ ہے جس کا مصنف آر، ایچ، پول

---

[1] یہ مقدمہ ڈاکٹر صاحب نے اپنی پہلی روانگی یورپ سے قبل اگست ۱۹۲۷ء میں لکھا تھا۔ ڈاکٹر صاحب کا لکھا ہوا پہلا مقدمہ ہونے کی وجہ سے اس کو بھی اس سلسلہ میں منسلک کر دیا گیا ہے۔

ادبی تاثرات　　　　معنوعی بیوی

اپنی شگفتہ تحریروں کی وجہ سے عوام میں کافی مقبولیت حاصل کر چکا ہے۔

تخلیقی ادب کا صحیح اور دلچسپ ترجمہ کرنا ایک معمولی اور آسان کام نہیں لطفی صاحب نے اس دشوار گذار منزل میں جس کامیابی کے ساتھ گامزنی کی ہے، اس کا اندازہ ان کے ترجمہ کے مطالعہ کے بعد ناظرین کر سکتے ہیں۔ لیکن ہم یہاں لایق مترجم کو ان کے ترجمہ کی خوبی، دلکشی اور صحت پر مبارکباد دیئے بغیر نہیں رہ سکتے۔

یہ کتاب معنوعی بیوی کے نام سے شائع کی جا رہی ہے۔ اس کا عام خاکہ اور مخصوص دلکشی دونوں اس قابل ہیں کہ یقیناً یہ ناول اردو دانوں میں مقبولیت حاصل کر سکے گا۔ ہمیں امید ہے کہ لطفی صاحب اپنے اس ذوقِ ادب کو جاری رکھیں گے اور بہت ممکن ہے ان کے ذریعہ سے اردو کے موجودہ ارتقائی دور میں بہت کچھ علمی اور ادبی اضافے ہوں۔

دُنیائے افسانہ

(تبصرۂ دُنیائے اُفسانہ مطبوعہ مجلۂ عثمانیہ بابتہ جون ۱۹۲۰ء)

مولوی سَروری صاحب جامعہ عثمانیہ کے فاضل طالب علم ہیں۔ اُنھوں نے اَفسانہ نویسی کی طرف خاص طور پر اپنی توجہ مبذول کی ہے۔ جیسا کہ اُنھوں نے اپنی متذکرہ بالا کتاب کے دیباچہ میں تحریر فرمایا ہے۔ اُردو زبان میں اُفسانوں پر مستقل تصنیفات پیش کرنے کا انھوں نے تہیہ کر لیا ہے۔ سروری صاحب کی پہلی کوشش جو ''دُنیائے اُفسانہ'' کے نام سے شائع ہوئی ہے ان کے اِرادہ کی بلندی اور اُن کی کوششوں کی نوعیت کا ایک بہترین نمونہ ہے۔

اُردو زبان میں اعلیٰ اُفسانوں کا بے حد فقدان ہے۔ اور اِس وقت جتنے اُفسانہ نگار پیدا ہوتے جا رہے ہیں اُن میں سے بہت کم ایسے ہیں جو اعلیٰ درجہ کی فسانہ نگاری کا مذاق رکھتے ہیں یا کم از کم اس کے محاسن و قبائح کے معیار سے آشنا ہیں۔ اَفسانوں کی اَہمیت اور اُردو زبان میں اُن کی نوعیت کے متعلق یہاں کچھ لکھنا غیر ضروری ہے اس کے لئے ''دُنیائے افسانہ'' کا مطالعہ خاص طرح سے تشفی بخش ہے اِس کتاب سے قبل اُردو زبان میں فن اُفسانہ نویسی پر بہت کم لکھا گیا ہے اِس کی تفصیل خود مصنف ''دُنیائے اُفسانہ'' نے اپنے دیباچہ میں پیش کر دی ہے۔ یہ ظاہر ہے کہ اِس وقت تک اِس فن پر کوئی مستقل تصنیف نہیں لکھی گئی۔ اِسی لئے ایک ایسی کتاب کی اُردو کو سخت ضرورت تھی۔

اس کا مطالعہ ہماری معلومات میں بے حد اضافہ کا باعث ہے۔ چونکہ فسانہ نگاری پر مغرب میں کافی بحثیں کیجا چکی ہیں اس لئے اس کتاب کا زیادہ تر مواد انگریزی تصنیفات کا مرہون منت ہے۔ لیکن جہاں جہاں مصنف نے مغربی خیالات کا اپنی زبان کی فسانوی پیداوار پر انطباق کیا ہے وہ اُن کے اُدبی مذاق اور طبیعت کی جودت کا بہترین ثبوت ہے۔

دنیائے افسانہ اُردو زبان کی اُن خاص خاص کتابوں میں سے ہے جنھیں مطالب و معانی اور زبان و اسلوب بیان دونوں کے لحاظ سے اعلیٰ درجہ کی علمی و ادبی پیداوار کہا جا سکتا ہے۔

اس کے متفرق حصے کتابی صورت میں شائع ہونے سے قبل ہندوستان کے بعض رسائل مثلاً نگار، نظام کالج میگزین، تجلی، اور مجلہ عثمانیہ کے ذریعے منظر عام پر آچکے ہیں۔ ان مضامین کی مقبولیت سے یہ پتہ چلتا ہے کہ اہل مُلک اِس قسم کی سنجیدہ اور علمی کتابوں کے مطالعہ کی طرف راغب ہو رہے ہیں۔ ہمیں قوی اُمید ہے کہ اس کتاب کی خاص طور پر قدر کیجائے گی۔

دُنیائے افسانہ کے آخر میں دس صفحات کا ایک اشاریہ (انڈکس) بھی ہے۔ اشاریہ اُردو کتابوں میں بہت کمیاب ہے۔ اگرچہ اس کتاب میں اس کا اہتمام کیا گیا ہے۔ لیکن وہ مکمل حالت میں معلوم نہیں ہوتا۔ بعض نام جو کتاب میں پائے جاتے ہیں اشاریہ میں اُن کا ذکر نہیں۔ اس کے علاوہ اس کی ترتیب میں وہ اہتمام نہیں جو عام طور پر مغربی کتابوں میں پایا جاتا ہے۔

جیون چرتر

(تبصرۂ جیون چرتر مطبوعہ مجلہ عثمانیہ جون ۱۹۲۷ء)

یہ رائے تیج رائے آنجہانی جاگیردار و سابق میر مجلس پائیگاہ آسمانجاہی کی سوانح عمری ہے جسکو اُن کے نواسے رائے گرودا٘س صاحب نے مرتب کیا ہے۔ وہ ہندو خاندان برہم چھتری کے چشم و چراغ ہیں۔ ان کے نانا رائے تیج رائے اِس خاندان کے ایک نامور فرد تھے۔ اُن کی وفات کے وقت گرو داس صاحب نے انٹرمیڈیٹ کا اِمتحان کامیاب کیا تھا۔ اور یہ کتاب اسی وقت کی لکھی ہوئی ہے۔ زبان پاکیزہ اور صاف ہے۔ متعدد تصاویر بھی ہیں جن کے متعلق ضروری نوٹ دئے گئے ہیں۔ ان کے بعد کتاب "قابلِ فخر قوم برہم چھتری کے نام پر" معنون کی گئی ہے۔ ہری لال صاحب ایم' اے' اِن' آر' اِی' ایس (کامرس) نے پانچ صفحوں کا ایک دیباچہ لکھا ہے جس میں اپنی قوم برہم چھتری کے متعلق بعض حالات اور گرو داس صاحب کی اس کوشش کا تذکرہ کیا ہے۔

دیباچہ کے بعد مولف نے "کچھ اپنی نسبت" کے عنوان سے اِس سوانح عمری کی وجہ تصنیف بیان کی ہے۔ اصل کتاب ۹ ابواب پر مشتمل ہے جن میں خاندان راجہ صاحب' عہد نواب سر آسمانجاہ' عہد بادشاہ زادی بیگم صاحبہ' عہد نواب معین الدولہ بہادر' زمانہ نگرانی صدر المہام' قومی خدمات' صحیفہ آسمانجاہی وغیرہ پر روشنی ڈالنے کے بعد عام حالات اور علالت و انتقال کا تذکرہ کیا گیا ہے۔

اُدبی تاثرات .جیون چرتر

اِس کتاب کے مطالعہ سے ظاہر ہوتا ہے کہ رائے تیج رائے حیدرآباد کی برہم چھتری قوم کے ایک ایسے قابل قدر اور لایق فرد تھے جن کی قومی اور اُدبی مشغولیتیں ضرور اِس قابل تھیں کہ اُن کے بعد بھی اُن کے نام کو اس قوم کی تاریخ میں زندہ رکھتیں۔ اور یہ نہایت خوش آئند اَمر ہے کہ ان کے نواسے ہی نے اُن کی یاد تازہ رکھنے کی کوشش کی۔

رائے تیج رائے آنجہانی کا کارنامہ "صحیفہ آسمانجاہی" ہماری نظروں سے گذرا ہے۔ وہ تاریخ دکن کا ایک نہایت اہم اور قابل قدر عنصر ہے۔ گرو داس صاحب سے ہمیں اِس اَمر کی شکایت ہے کہ اُنہوں نے اپنے نانا کی اِس قابل فخر علمی خدمت پر زیادہ وضاحت سے روشنی نہیں ڈالی۔ اِس کی اِس لئے بھی ضرورت تھی کہ یہ کتاب اَب کم یاب ہوگئی ہے۔ ہمیں اُمید ہے کہ وہ اِس پر ایک تفصیلی مقدمہ لکھکر اس کو پھر شایع کریں گے۔ اس سے نہ صرف دکن کے بعض تاریخی واقعات کا مُرقع محفوظ ہوجائیگا بلکہ تاریخ اَدب اُردو کی ترتیب میں بھی اس سے کافی مدد ملے گی۔ کیونکہ سر سالار جنگ اوّل کے بعد دکن علم وفضل کے لحاظ سے جس عبوری دَور سے گذر رہا تھا اُسی کا اِظہار اِس کتاب کا موضوع ہے۔

متاعِ اقبال

(تبصرۂ متاعِ اقبال مطبوعہ سب رس بابتہ ڈسمبر ۱۹۳۹ء)

یہ کتاب چھوٹی نصابی کتابوں کی تقطیع کے ٹھیک سو صفحات پر چھپی ہے۔

اس کے مرتب مولوی ابوظفر عبدالواحد صاحب ایم، اے لکچرار سٹی کالج ہیں۔ اقبال کے متعلق گذشتہ چند برسوں میں کئی کتابیں اور مجموعے شایع ہو چکے ہیں اور اُن کے اِنتقال کے بعد سے تو یہ موضوع اہلِ اُردو کے لئے خاص دلچسپی کا باعث بن گیا ہے اکثر اُردو رسالوں نے اِقبال کی یاد میں اپنے مخصوص نمبر شایع کئے اور شاعروں اور اَدیبوں کے علاوہ سائنس اور دوسرے علوم سے دلچسپی رکھنے والے اَصحاب نے بھی اقبال کے کلام کا مطالعہ شروع کیا اور اس کی خوبیوں کے اعتراف میں طویل مقالے تحریر کئے۔ "متاعِ اقبال" میں تین اہم عنوانوں پر اظہارِ خیال کیا گیا ہے۔ پہلے عنوان کے تحت اِقبال کی شاعری کے پس منظر پر روشنی ڈالی ہے۔ اور ہندوستان کی تاریخ اور تمدنی حالات کا سرسری خاکہ کھینچ کر ہر زمانہ کے اُردو اَدب کے متعلق نہایت مختصر الفاظ میں رائے ظاہر کی ہے اور اقبال کی شاعری کے آغاز کے وقت ہندستان کا جو رنگ تھا اس کی طرف اِشارہ کیا ہے۔

دوسرا عنوان "اِقبال کا ذہنی اِرتقا" ہے اِسی عنوان کے تحت مصنف نے زیادہ لکھا ہے۔ خاص کر غالب اور اقبال کا موازنہ شرح و بسط سے کیا ہے۔ اور پھر اِقبال کی نظموں کے مجموعوں پر تاریخی ترتیب کے ساتھ رَوشنی ڈالی ہے۔

تیسرا اور آخری عنوان اقبال کا شاعرانہ فلسفہ ہے جس میں اصل موضوع سے زیادہ مصنف نے اقبال کے متعلق اپنے نتائج فکر کو پیش کیا ہے۔ یہ اصل میں ابتدائی صفحات میں جو کچھ لکھا گیا اس کا نچوڑ یا نتیجہ ہے۔

اس کتاب میں اگرچہ بعض جگہ غیر مانوس الفاظ اور ترکیبیں بھی نظر سے گزرتی ہیں لیکن بحیثیت مجموعی یہ ایک کامیاب کوشش ہے اور اقبال سے متعلق تحریروں میں ایک چھوٹا سا اضافہ۔

کلیاتِ بحری

(تبصرۂ کلیات بحری مطبوعہ سب رس بابتہ دسمبر ۱۹۳۹ء)

آج کل اردو زبان میں نئی کتابوں کے ساتھ ساتھ پرانی کتابیں بھی شائع ہو رہی ہیں اور یہ بات عجیب معلوم ہوگی لیکن واقعہ ہے کہ پرانی کتابوں کو صحت کے ساتھ چھاپنا نئی کتابوں کے چھاپنے سے زیادہ مشکل ہے۔ کیونکہ پرانی کتابوں کی زبان بھی پرانی ہوتی ہے۔ اور ان کی کتابت و طباعت کے وقت کاتب اور مطبع کے لوگ پرانے لفظوں کو غلط سمجھ کر ان کی جگہ نئے لفظ رکھ دیتے ہیں اور اس طرح کتابوں کے مسخ ہو جانے کا اندیشہ ہمیشہ لگا رہتا ہے۔

ترقی یافتہ زبانوں میں بہت کم ایسی ہوں گی جن کی قدیم کتابیں ابھی تک چھپ کر منظر عام پر نہ آچکی ہوں۔ اردو کو اسی لئے پوری طرح ایک ترقی یافتہ زبان نہیں کہا جاتا کہ اس میں ابھی بہت سے کام باقی ہیں جن میں سے ایک یہ بھی ہے۔ کیونکہ اس کے بعض بڑے بڑے شاعروں اور ادیبوں کے کارنامے ابھی مخطوطوں ہی کی شکل میں ہیں۔ جب تک ہر دور اور ہر مقام کی جملہ اہم اردو کتابیں شائع نہ ہو جائیں گی اس وقت تک اردو ادب کی ایک مکمل تاریخ مرتب نہیں ہو سکتی۔ اور اسی وجہ سے کوئی مکمل تاریخ اب تک لکھی بھی نہیں گئی۔

قاضی محمود بحری اردو کے ایک بہت بڑے شاعر اور صوفی ہیں ان کی ایک کتاب من لگن بہت عرصہ پہلے چھپ چکی ہے۔ اور اب ان کا کلیات بڑی تقطیع کے

تین سو سے زیادہ صفحات پر نولکشی پریس لکھنو سے شائع ہوا ہے۔ اس کلیات کو ڈاکٹر محمد حفیظ سید ایم۔ اے، پی، ایچ ڈی، ڈی لٹ پروفیسر الہ آباد یونیورسٹی نے ایک مفید مقدمہ اور تشریح کے ساتھ شایع کیا ہے۔

مقدمہ میں پانچ باب ہیں۔ جن میں بحری کے عہد کی تاریخ، ان کے ہم عصر شعرا، سوانح حیات، تصانیف اور کلام بحری کی لسانی خصوصیت پر اچھی بحث کی ہے۔ بحری بیجاپور اور گولکنڈہ کے آخری بڑے شاعروں میں سے ہیں۔ انھوں نے اِن سلطنتوں کے زوال کے بعد بھی عرصہ تک اُردو شعر و شاعری کی شمع کو روشن رکھا۔ ان کی زبان وؔلی اور نگ آبادی کی طرح ایک عبوری دَور کی زبان سمجھی جا سکتی ہے نہ قدیم شعرا مثلاً وجہیؔ و غواصیؔ و نصرتیؔ کی طرح ہندی آمیز ہے اور نہ دورِ متوسط کے شعرا آبروؔ و ناجیؔ اور حاتمؔ و مظہرؔ کی طرح فارسی آمیز۔ کلیاتِ بحری کے مطالعہ سے تصوف و عرفان کی چاشنی بھی پیدا ہو سکتی ہے۔ کیونکہ بحری خود ایک بہت بڑے صوفی اور اہل اللہ تھے۔ ڈاکٹر سید کی یہ کوشش قابلِ قدر ہے اور یقین ہے کہ کلیاتِ وؔلی کی طرح کلیاتِ بحریؔ کو بھی اہلِ ذوق نعمتِ غیر مترقبہ سمجھیں گے۔

راشد الخیری

(تاثرات مطبوعہ عصمت بابتہ فروری ۱۹۳۹ء)

راشد الخیری اُردو کے اُن اِنشاپردازوں میں ہیں جن کی قدر زمانہ کے ساتھ ساتھ بڑھتی جائے گی۔ جتنا زیادہ ان کی تصنیفات کا مطالعہ کیا جائے گا ان کے جوہر کھلتے جائیں گے۔ ان کے اسلوب میں بعض خصوصیتیں موجود ہیں جو زمانہ کے ہر دستبرد سے اس کو محفوظ رکھیں گی۔ اُردو اُدب کے رجحانات بدلتے رہے ہیں۔ اور عہد حاضر میں تیزی سے بدلتے جا رہے ہیں لیکن جو بڑا انشاپرداز ہوتا ہے اس کی تحریریں جاودانی اہمیت رکھتی ہیں۔ اِس لئے نہیں کہ وہ اپنے زمانہ سے آگے ہوتا ہے بلکہ اس لئے کہ اس کی تحریر میں زندگی کی قوت ہوتی ہے۔ اور زندگی کی یہ قوت اُسی اِنشاپرداز میں زیادہ ہوتی ہے جو اپنے زمانہ کی زندگی کا گہرا مطالعہ کرتا ہے۔ یا جس کی تحریروں میں اس کے ماحول کے عکس نمایاں ہوتے ہیں۔ شاعروں اور اُدیبوں کے ذہن غیر ارادی طور پر عکس پذیری میں مصروف رہتے ہیں اور یہ عکس جتنا زیادہ ان کی تحریروں میں جھلکیگا ان کی تحریریں اُتنی ہی جاندار رہوں گی۔ اور میرے نزدیک راشد الخیری کی سب سے بڑی خصوصیت یہی ہے کہ اُن کی تحریریں اُن کے زمانے اور ماحول کا آئینہ ہوتی ہیں۔ وہ تخیلی کردار پیش نہیں کرتے بلکہ ان کے کردار وہی ہوتے ہیں جو اکثر ہندوستانی گھروں میں اپنی زندگیاں بُری یا بھلی جس طرح بھی بن پڑے گذارتے رہتے ہیں۔ راشد الخیری

اپنے ہیرو یا اپنی ہیروئن کی تلاش میں محلوں اور حرم سراؤں کے خواب نہیں دیکھتے وہ اپنے اطراف واکناف کی گلیوں اور بازاروں میں سے ہیرو یا ہیروئن تلاش کر لیتے ہیں۔ اور یہ اُن کا بہت بڑا کمال ہے۔

اُردو اَدب کی تاریخ لکھنے والے اِس امر کا اعتراف کرنے پر مجبور رہوں گے کہ راشدالخیری پہلے اُردو اَدیب ہیں جو ترقی پسند مصنفوں کے نظریئے پر خود بخود عمل کرتے رہے۔ وہ بڑے فطرت شناس اور حقیقت پسند اَدیب تھے۔ اُن کا نام اُردو کے ترقی پسند اَدیبوں کے سرفہرست لکھا جائے گا۔ اور عجیب بات یہ ہے کہ اُنہوں نے کسی خاص جدید نظریہ کی خاطر زندگی کی تلخیوں اور حقیقت کے کریہہ منظر کو بے نقاب نہیں کیا۔ یہ زیادہ تر نقالوں کا کام ہے۔ وہ تو باکمال اَدیب تھے۔ اُنہوں نے اَدب کو زندگی کا ترجمان بنایا اور زندگی بھی بالعموم ایسے طبقے کی پیش کی جس کی طرف ان سے پہلے کے بہت کم اَدیبوں نے توجہ کی تھی۔ عورتوں کے حالات و خیالات کی جیسی نمائندگی اُنہوں نے کی ہے کسی اور اُردو شاعر یا اَدیب نے نہیں کی۔ اُنہوں نے اپنی ساری زندگی ان ہی کی اِصلاح و تربیت میں گزاری۔ اُن کی جملہ کتابیں ان ہی سے متعلق ہیں۔ اور چونکہ ہندستانی عورتیں زیادہ تر رنج و الم اور پریشانی میں رہتی ہیں۔ اِس لیئے راشدالخیری کو بھی بالعموم ایسے ہی موضوعوں پر قلم اُٹھانا پڑا۔ اور قوم کی طرف سے مصورِ غم کا خطاب حاصل کیا۔ وہ غم کا نقشہ اِس خوبی سے کھینچتے ہیں کہ پڑھنے والے بجائے زندگی سے بیزار ہونے کے اچھی زندگی کی طرف مائل ہوتے ہیں۔ ان کی تصویرِ غم زندگی سے نفرت نہیں پیدا کرتی۔ یہ ایک فنکار کا سب سے بڑا کمال ہے۔ حیرت ہوتی ہے کہ حقائق کی تلخیوں کو شدت کے ساتھ

نمایاں کرنے کے باوجود اُن کو اپنے قلم پر ایسا قابو حاصل تھا کہ وہ انگارہ یا شرارہ نہیں بن جاتا۔

شریف عورتیں اُن کی کتابوں کا شوق اور عقیدت سے مطالعہ کرتی ہیں اور میں سمجھتا ہوں کہ ہزاروں زندگیاں محض راشد الخیری کے اُدب کے مطالعہ سے بن گئیں اُن کی زندگی ہی میں اُن کی کتابوں کو ایسی مقبولیت حاصل ہوگئی تھی کہ اُردو کی تاریخ میں اس کی نظیر کم ملے گی۔ اور یہ بھی اُردو اُدب کی خوش قسمتی ہے کہ وہ اپنے بعد بھی اپنے کام کو چلانے والے چھوڑ گئے جو پوری توجہ اور خلوص کے ساتھ اُن کے اُدب کی اِشاعت میں مصروف ہیں۔ اُن کے فرزند رازق الخیری اور صادق الخیری دونوں قابل مبارک باد ہیں۔ کہ اُنھوں نے نہ صرف اپنے والد کی سلگائی ہوئی شمع کو بجھنے سے باز رکھا بلکہ اُس کی روشنی کو دُور دُور تک پھیلانے کی کوشش میں سرگرم ہیں۔

شیخ چاند

(تاثرات مطبوعہ مجلۂ عثمانیہ بابتہ ۱۹۳۷ء)

وہ اگرچہ نوجوان تھے، مگر محنت و ریاضت، اور اردو کی خدمت کرتے کرتے بوڑھے ہوگئے تھے۔ کثرتِ کار نے ان کے تنومند قویٰ کو ایسا مضمحل کر دیا تھا کہ وقت سے پہلے وہ موت کے آہنی پنجہ کا شکار ہو گئے۔

اُنھوں نے انجمن ترقی اُردو کی بڑی تن دہی سے خدمات انجام دیں۔ اُردو شاعروں کے جملہ تذکرے اور قدیم اُردو کتابیں جو گذشتہ چند سال سے انجمن نے شایع کیں ان سب کی ترتیب و تہذیب و فراہمی سواد وغیرہ میں مرحوم شیخ چاند نے جو زحمتیں اُٹھائی ہیں ان کو فراموش نہیں کیا جا سکتا۔ انجمن کی لغتوں کے کام میں بھی اُنھوں نے جانکاہ حصہ لیا ہے۔ روزآنہ مسلسل چھ چھ آٹھ آٹھ گھنٹے وہ مختلف مترجمین کے پاس سے آئے ہوئے مسودوں کی ترتیب اور ان کو مطبع میں جانے کے قابل بنانے، اور پروفوں کے دیکھنے میں صرف کیا کرتے تھے۔

مولوی عبدالحق صاحب کو قدیم اُردو کتابیں جمع کرنے، اور دور دراز مقامات اور دیہات میں سفر کر کے کتابیں حاصل کرنے میں بھی شیخ چاند مرحوم سے زیادہ کسی اور نے مدد نہیں دی۔ اس کے ساتھ ہی اُنھوں نے ان تمام نایاب اور بیش بہا قلمی نسخوں کی بسیط فہرستیں بھی مرتب کر لی تھیں جو اگر شایع ہو جاتیں تو اُردو ادب پر تحقیقی کام کرنے والوں کی معلومات میں کافی اضافہ کا باعث ہوتیں۔ اُفسوس ہے کہ

اُدبی تاثرات شیخ چاند

وہ اپنے کام کو پھولتا پھلتا نہ دیکھ سکے۔

شیخ چاند نے رسالہ اُردو میں جو تحقیقی مضامین اور اُردو کی مطبوعات پر تنقیدیں لکھی ہیں وہ سب ظاہر کرتی ہیں کہ اگرچہ وہ اُردو زبان و اُدب پر کام کرنے والوں میں سب سے کم عمر تھے، لیکن کثرت مطالعہ اور اُردو اُدب کے سچے ذوق نے اُنکے نقطۂ نظر اور معلومات کو بڑے بڑے اُدیبوں اور انشاپردازوں سے زیادہ سنجیدہ اور دقیع بنادیا تھا۔ مولوی عبدالحق صاحب کی نگرانی میں اُنھوں نے اُردو زبان اور اُدب پر کافی دسترس حاصل کرلی تھی اور کام کرنے کی ایسی صلاحیت پیدا کرلی تھی کہ اگر وہ زندہ رہتے تو مولوی صاحب کے سچے جانشین اور اُردو زبان کے مخلص خدمت گذار ثابت ہوتے۔

اِحسانِ دَانش

(تاثرات مطبوعہ سب رس بابتہ نومبر ۱۹۳۹ء)

اِحسان ایک غریب مزدُور شاعر ہے جس کا کلام زندگی کی تلخیوں کو بے نقاب کرنے میں بڑی حد تک کامیاب سمجھا جاسکتا ہے۔ وہ اُن بدمست اور نقال شاعروں میں سے نہیں ہے، جو خود تو اچھا کھاتے، اچھا پہنتے، اور موج کرتے رہتے ہیں لیکن اَندھی تقلید یا فیشن کی خاطر غریبوں کی زندگی سے متعلق نظمیں لکھتے ہیں۔ یہ لوگ پرانے قصیدہ گو شاعروں کی طرح فرضی اور فرمایشی شاعری کرتے ہیں۔ فرق صرف اتنا ہے کہ بے چارے قصیدہ گو روپے پیسے کے لالچ میں لکھا کرتے تھے اور یہ شاعر نام ونمود اور جدت پسندی کی ہوس میں لکھا کرتے ہیں۔

اِحسان کا پہلا مجموعہ نوائے کارگر ہے جو ۲۰۶ صفحات پر مشتمل ہے۔ ابتدا ر ایک دیباچہ یا تعارف سے ہوتی ہے جو اِشارات کے عنوان سے لکھا گیا ہے اس کو شاعر کے ایک دوست محمد توقیر صاحب طاہر گنگوہی نے لکھا ہے۔ وہ لکھتے ہیں۔

"اِحسان میرا عزیز دوست ہے اور قریب ترین اعزا سے مجھے عزیز تر لیکن بدقسمتی سے زندگی کے تلخ تجربات نے اسے اعزا سے خائف اور احباب سے مایوس کردیا ہے" شاعر کے حالات کے سلسلے میں لکھا ہے۔

"لاہور میں اِحسان نے مزدوری بھی کی اور معماری بھی۔ پہرہ داری بھی کی اور باغبانی بھی لیکن اُسے کبھی رات کو بارہ بجے سے پہلے اور صبح کو چار بجے کے بعد

ادبی تاثرات احسان دانش

مصروفِ خواب نہیں دیکھا اور آج تک اس کا وہی پروگرام ہے۔"

اس کتاب میں شاعر کی ایک اچھی تصویر بھی ہے جس کو دیکھ کر اس مزدور شاعر کا وہ قول یاد آجاتا ہے جو اس کے دوست نے اپنے اشارات میں نقل کیا ہے کہ

"یاد رکھو میری بوریئے پر آنکھیں کھلی ہیں اور قالین پر دم نکلے گا۔"

نوائے کارگر میں سو سے زیادہ نظمیں اور تقریباً بیس غزلیں ہیں۔ نظموں کو مختلف عنوانوں مثلاً حسنِ خیال، مناظر، قلب و نظر، زبورِ محبت، ہجومِ خیال اور لہریں وغیرہ کے تحت تقسیم کیا گیا ہے پہلے عنوان میں حمد و نعت ہے۔ نعت میں ایک بڑی پاکیزہ نظم ہے جس کے چند آخری شعر یہ ہیں۔

غلاموں کو دیا اس شان سے پیغامِ آزادی
کہ گردش میں ہے تیرہ سو برس سے جامِ آزادی
کتاب اس پر وہ اُتری ہے جسے قرآن کہتے ہیں
تمدن کی تدبر کی وفا کی جان کہتے ہیں
وہ قرآں جس کی ضو سے بزمِ باطن میں اُجالا ہے
وفا میں سربلندی حُریت کا بُول بالا ہے
جہاں جب تک جہاں میں عظمتِ قرآن باقی ہے
مکمل یادگارِ سیدِ ذی شان باقی ہے
جو ہے قرآں کا منکر اس کا ایماں ہو نہیں سکتا
غلامی کا جو حامی ہے مُسلماں ہو نہیں سکتا

"احسان کی نظموں کا دوسرا مجموعہ چراغاں ۲۰۲ صفحات میں چھپا ہے۔

ادبی تاثرات — احسان دانش

اس میں تقریباً پون سو نظمیں اور بیس سے زیادہ غزلیں ہیں۔ ان نظموں میں بھی حقیقت کی تلخیوں کو اسی خاص رنگ میں بے نقاب کیا گیا ہے۔ نمونہ کے طور پر ایک ایسی نظم کے چند شعر پیش ہیں جو ہم میں سے شاید اکثروں کے حالاتِ زندگی پر منطبق ہوتی ہوگی۔

اک دن کہ دوپہر کی جوانی تھی کامیاب / آتش فشانیوں میں تھا مصروف آفتاب
تھی بام و در پہ روحِ جہنم فسانہ خواں / جھنجھلائی سی زمین بھڑکتا سا آسماں
طیارہ دھوپ میں جو اُٹھے گل کے گر پڑے / طائر اُڑے ہوا میں تو پر جل کے گر پڑے
ایسے میں اک مریضِ ادب خستہ و زبوں / لے کر عقیدتوں کا ابھارا ہوا جنوں
ہر سانس میں خلوص کی خوشبو لئے ہوئے / دل میں خیالِ خدمتِ اردو لئے ہوئے
سودا رسوخ کا نہ جنونِ مصاحبت / سرسام منتوں کا نہ خبطِ ملازمت
خواہش نہ قرض کی نہ سفارش کی آرزو / شہرت کی اور نہ دادِ نگارش کی آرزو
ملنے کو اک محافظِ اردو کے گھر گیا / روکا ہزار ذوقِ خودی نے مگر گیا
نیکی کا جس کی سارے زمانے میں شور ہے / اس میں بھی زور اس کے قلم میں بھی زور ہے
ہے جس کے رنگِ رُخ کا زر و سیم پر مدار / قرنوں سے کامگار ہے پشتوں سے مالدار
لیکن بغیر پوچھے کہ آنے کا کیا سبب / اس دھوپ میں عذاب اُٹھانے کا کیا سبب
باصد غرورِ جاہ و باندازِ پیچ و تاب / دولت کی بے خودی نے یہ بڑھ کر دیا جواب
آرام کا یہ وقت ہے اس وقت جائیے / گر ہو سکے تو شام کو تشریف لائیے
ارماں بھری نگاہ کو چکر سا آگیا / دنیائے آرزو میں اندھیرا سا چھا گیا
رنگیں بیانیوں کے قدم رک کے رہ گئے / خودداریوں کے سبز علم جھک کے رہ گئے

ادبی تاثرات | احسان دانش

ثابت ہوا کہ فطرتِ زر میں غرور ہے
شہرت کا طمطراق حقیقت سے دور ہے

احسان دانش کی نظموں کا تیسرا مجموعہ آتشِ خاموش ہے۔ اس میں ڈیڑھ سو صفحات کی نظمیں اور پچاس صفحات پر غزلیں ہیں۔ ان تین مجموعوں کے علاوہ اور دو مجموعے نفیرِ فطرت، جادۂ نو، کی اشاعت کا بھی اعلان کیا گیا ہے۔ یہ سب کتابیں اردو شاعری میں ایک صحت مند اور مفید اضافہ ثابت ہوں گی۔ اور ان نوجوانوں کے لئے خضرِ منزل کا کام دیں گی جو شاعرانہ ترنگوں، شبابیاتی کیفیتوں اور آزادی و رعنائی خیال کے لئے ضروری سمجھتے ہیں کہ مذہب، شائستگی اور تہذیب کو گالیاں دئیے بغیر گزیر نہیں۔ احسان کے کلام میں حریت و آزادی اور خلوص و صداقت اور پاکیزہ جذبۂ عمل نے جس خوبی سے امتزاج پایا ہے اس کی نظیر جدید اردو شاعری میں مشکل سے ملے گی۔ اور یہ تمام خوبیاں نتیجہ ہیں علم و کمال اور محنت و عمل کے دوش بدوش چلنے کا جہاں ان میں سے ایک نے دوسرے کا دامن چھوڑا اور وہ بے ڈھنگا پن اور بے راہ روی پیدا ہو گئی جو عہدِ حاضر کے بعض برخود غلط نوجوان شاعروں اور ادیبوں کا طرۂ کمال ہے۔

دُنیا کی کہانی

(تبصرہ دُنیا کی کہانی مطبوعہ سب رس بابتہ ستمبر ۱۹۳۹ئ)

چھوٹی تقطیع پر چھپی ہے اِس میں ۲۲۷ صفحات اور کئی تصویریں ہیں۔ اِس کے مصنف جامعۂ ملیہ دہلی کے ایک اُستاد مولوی محمد مجیب صاحب ہیں۔ اور یہ کتاب اُن تقریروں کا مجموعہ ہے جو آل انڈیا ریڈیو کی فرمائش پر تیار کی گئی تھیں اور اسی کی اجازت سے ایک کتابی شکل میں چھاپی گئی ہیں جیسا کہ مصنف کا خیال ہے یہ نہ تو دنیا کی ایک مکمل تاریخ ہے اور نہ کوئی دلچسپ کہانی۔ تاہم ایک ایسی مفید اور دلچسپ کتاب ضرور ہے جس کے مطالعہ سے معلومات میں بے حد اضافہ ہو جاتا ہے اور جو لوگ اِس موضوع سے دلچسپی رکھتے ہیں ان کو اس کے پڑھنے کے بعد تاریخ عالم کا ایسا ذوق پیدا ہو سکتا ہے کہ وہ دوسری بڑی بڑی کتابیں بھی پڑھنا چاہتے ہیں۔

اُردو زبان میں اِس قسم کی کتابوں کی کمی ہے۔ اور بڑی خوشی کی بات ہے کہ بعض اچھی اچھی کتابیں محض لاسلکی کی وجہ سے لکھی جا رہی ہیں اور اِس طرح عام اُردو دانوں کی معلومات میں خاطر خواہ اضافہ ہو رہا ہے۔

دنیا کی کہانی اصل میں، ۷ مختلف کہانیوں پر مشتمل ہے جن کو ترتیب کے ساتھ یکجا کر دینے کی وجہ سے ایک تاریخ کی شکل بن گئی ہے۔ اور یہ اسی طرح لکھی اور ریڈیو پر سُنائی بھی گئی ہے کہ سننے والے ابتدا سے آج تک کی تاریخی معلومات کو، ۷ تقریروں میں بآسانی سُن سکیں۔

اَدبی تاثرات دُنیا کی کہانی

یہ ایک واقعہ ہے کہ کہانی یا تاریخ زیادہ تر لکھنے والے پر منحصر ہوتی ہے۔ وہ جو رنگ چاہے اُس پر پھیر دے۔ اور اس طرح سے اچھے سے اچھا واقعہ خراب اور بری سی بری بات اچھی دکھائی دینے لگتی ہے۔ اِس لئے ضرورت ہے کہ تاریخ ایسے اُصحاب لکھیں جن کا مطالعہ وسیع، جن کے خیالات پاکیزہ اور جن کا نقطۂ نظر صحیح ہے۔ محمد مجیب صاحب میں ان میں سے اکثر خوبیاں پائی جاتی ہیں۔ اور انھوں نے اپنی تقریروں کو نہ صرف ایک صحیح زاویۂ نگاہ سے مرتب کیا بلکہ اس کی زبان بھی عام فہم رکھی ہے۔

دنیا کی پہلی تہذیبوں کی تفصیل، مشرق اور مغرب کا اِمتیاز، یونانی تہذیب کا آغاز اور اس کے اجزا، یونان اور روما کے تعلقات اور فتوحات، قدیم چینی اور ہندستانی تہذیب، عیسائی مذہب، اسلام اور مسلمانوں کی سیاست اور تہذیب، ترکوں اور تاتاریوں کی یورشیں، یورپ کی تہذیب کی ابتدا اور جدید یورپ کی سیاست اور تہذیب جیسے دلچسپ موضوعوں پر مفید معلومات پیش کرنے کے علاوہ آخر میں آج کی دنیا پر بھی نظر ڈالی ہے۔

اس موضوع پر پنڈت جواہر لال نہرو کی ایک کتاب بھی اس سے قبل شایع ہو چکی ہے لیکن محمد مجیب صاحب کی کتاب اردو ہی میں لکھی گئی ہے اور اہل اردو کے جدید رجحانوں اور ضرورتوں کا اس میں خاص خیال رکھا گیا ہے۔

سیاحت نامہ

(تبصرہ مطبوعہ مجلہ عثمانیہ بابتہ مارچ ۱۹۳۷ء)

یہ دلچسپ ضخیم کتاب ظاہری اور باطنی دونوں خوبیوں کے لحاظ سے عہد حاضر کے بہترین اردو شہ کاروں میں قرار دی جاسکتی ہے۔ اِس کی اِشاعت پر اُردو زبان اور حیدرآباد جس قدر ناز کرے کم ہے۔ نہایت اعلیٰ پایہ کاغذ پر سرکار عالی کے ایجاد کردہ ٹائپ میں باتصویر چھپی ہے اِس کے مطالعہ سے واضح ہوتا ہے کہ اُردو زبان اور رسم الخط میں ترقی اور زندگی کی قطعی اہلیت ہے۔ جو اصحاب اپنی زبان کی طباعت کے صرف نقائص پر نظر رکھتے ہوں اگر اس کتاب کو ایک دفعہ دیکھ لیں تو اُن کی بہت سی غلط فہمیاں دور ہو جائیں۔

یہ خوشنما کتاب جامعہ عثمانیہ کے ایک لایق سپوت نواب محمد ظہیر الدین خاں صاحب بی۔ اے خلف اکبر نواب معین الدولہ بہادر امیر پائیگاہ کے حالاتِ سفر یورپ واَمریکہ پر مشتمل ہے جو دوران سفر میں بطور روزنامچہ کے تحریر کئے گئے تھے بڑی خوشی کی بات ہے کہ اِس نوجوان اہل ذوق نے یورپ اور اَمریکہ جیسے ہوش ربا ماحول میں بھی اپنا روزنامچہ لکھنا ترک نہیں کیا۔ اس کے سرسری مطالعہ ہی سے معلوم ہو جاتا ہے کہ مولف نے کتنے بسیط واقعات وحالات روز کے روز قلمبند

کرلئے ہوں گے اور یہ کہ حیدرآباد کے امراء عظام کے خاندانوں میں اب بھی ایسے افراد موجود ہیں جو اپنے اسلاف کے ذوق علم وفضل سے بے بہرہ نہیں ہیں۔

یہ سیاحت نامہ نواب محمد ظہیرالدین خاں کے فطری ذوق ادب کا بہترین ثبوت ہے اور یقین دلاتا ہے کہ اگر ان کا یہی علمی شغف اور دلچسپی جاری رہی تو ان کی ذات اردو کے لئے باعث فخر ہوسکتی ہے۔ ملک کی بہت سی توقعات ان سے وابستہ ہیں اور کوئی تعجب نہیں اگر وہ اپنے نامور اسلاف کے سچے جانشین ثابت ہوں۔

سیاحت نامہ نو ابواب پر منقسم ہے جن میں ۸ ہر مئی ۱۹۳۳ء سے ۸ ہر اکتوبر ۳۳ء تک (یعنی کل پانچ ماہ) کے حالات سفر درج ہیں۔ ۸ ہر مئی کو مولف نے حیدرآباد سے کوچ کیا اور ۸ ہر اکتوبر کو یہیں واپس ہو گئے۔ اس مختصر سی مدت میں انھوں نے جو کچھ دیکھا اس کو اس خوبی سے قلمبند کیا ہے کہ بے اختیار تعریف کرنے کو جی چاہتا ہے۔ سفرنامہ شروع سے آخر تک دلچسپ ہے اور پراز معلومات۔

مولف نے اپنے موروثی عقیدہ کی بناپر اس دیدہ زیب کتاب کو ہز ہائی نس پرنس آف برار کے نام نامی پر حسب ذیل الفاظ میں معنون کیا ہے۔

> میں اپنے حقیقی جذبۂ وفاداری اور پرخلوص عقیدت مندی کی بناپر اپنے اس ناچیز سفرنامۂ یورپ وامریکہ کو میجر جنرل شہزادہ والاشان حضرت نواب اعظم جاہ بہادر ولی عہد وسپہ سالار دولت آصفیہ کے نام نامی سے معنون کرنے کی عزت حاصل کرتا ہوں۔"

اس سیاحت نامہ کی اہمیت اور اس سے متعلقہ دیگر امور کی وضاحت اس کے دیباچہ کے حسب ذیل اقتباسات سے ظاہر ہوگی۔

آ د بی تا ثرات **سیاحت نامہ**

" جب میں یورپ و امریکہ کے سفر کے ارادے سے نکلا تو یہ خیال بھی نہ تھا کہ میرے اس سفر کے حالات شایع ہوں گے۔ میں نے روزانہ کے حالات و واقعات کو صرف اپنی ذاتی یادداشت کے لئے قلمبند کرنا شروع کردیا تھا اور اتفاق کی بات ہے کہ یہ کام مستقل طور پر اختتام سفر تک برابر جاری رہا۔ یہاں تک کہ ان سے دو تین ضخیم یادداشتیں تیار ہوگئیں۔

رفقائے کالج نے مجلہ عثمانیہ میں میرے حالات سفر کے تذکرہ کے ساتھ میری ان یادداشتوں میں سے ایک حصہ اشاعت کے لئے طلب کیا اور اس قدر متقاضی ہوئے کہ مجھے "ہالی وڈ کی سیر" کے عنوان سے اس کا ایک ٹکڑا بھیجنا ہی پڑا جو مجلہ جلد (۷) شمارہ دوم بابتہ ۱۳۴۳ ف میں شایع ہوا۔ اس کا چھپنا ہی تھا کہ چاروں طرف سے مجھ پر تقاضوں کی بوچھار شروع ہوگئی۔ دوسرے رسائل والوں نے خط بھی لکھے اور اکثر محفلوں میں دوست احباب نے سفرنامہ کی اشاعت کی طرف توجہ دلانی شروع کی۔

میرے کالج کے ساتھیوں نے مجھے پھر مجبور کیا اور آخر کار ایک اور حصہ "شکاگو کی صد سالہ نمایش" حاصل کرلیا جو مجلہ عثمانیہ کے بعد کے نمبر میں شایع ہوا بالآخر میں نے اس بارے میں اپنے محترم اُستاد ڈاکٹر سید محی الدین صاحب قادری زورؔ پروفیسر اُردو سے مشورہ لیا صاحب موصوف نے ان یادداشتوں کو دیکھ کر بے حد اظہار پسندیدگی فرمایا اور ان کو قابل اشاعت قرار دے کر میرے پس و پیش کو دُور کرنے کے لئے وعدہ فرمایا کہ چھپتے وقت ضرور ان پر نظر ثانی کریں گے"۔

مولف کے اِس اظہار انکسار کے باوجود یہ سیاحت نامہ دلچسپ انشاپردازی کا بھی ایک اچھا نمونہ ہے اور اس میں جو معلومات پیش کی گئی ہیں وہ بھی نہایت مفید اور کارآمد ہیں۔

داغ

(تبصرہ مطبوعہ مجلہ عثمانیہ بابت مارچ ۱۹۳۷ء)

مولوی نور اللہ محمد صاحب نوری جامعہ عثمانیہ کے اُن فیض یافتوں میں سے ہیں جن کو شعر و سخن کا بڑا اچھا ذوق ہے اور جو اپنی بساط کے مطابق اپنی زبان اور ملک کی خدمت گذاری میں خلوص اور ایثار کے ساتھ سرگرم عمل ہیں شعر و سخن سے متعلق اُن کے متعدد مضامین مجلہ عثمانیہ اور آئینۂ ادب میں شایع ہو چکے ہیں۔ خود بھی ایک رسالہ ''مشاعرہ'' شایع کیا کرتے تھے جو ناموافق ماحول میں چل نہ سکا۔ نیز اُنھوں نے انتخابِ کلام غالب معہ شرح کے شایع کیا ہے جو اَدب کے طلبہ کے لیئے ایک نعمتِ غیر مترقبہ ہے۔ نظم طباطبائی مرحوم اور حضرت جلیل اُستاد السلطان پر ان کے جو مضامین مجلہ عثمانیہ میں شایع ہوئے ہیں نہایت دلچسپ اور اعلیٰ پایہ کے ہیں۔ اِسی سلسلہ میں اُنھوں نے داغ پر بھی لکھنا شروع کیا تھا کیونکہ خیال یہ تھا کہ ''اِدارۂ ادبیاتِ اردو'' کی طرف سے اُن بلند پایہ اساتذۂ سخن کا ایک تذکرہ شایع کیا جائے جنھوں نے دہلی اور لکھنو سے ہجرت کر کے حیدر آباد کو اپنا وطن بنالیا اور آخر کار یہیں کے ہو رہے۔

اثنائے کار میں حضرت جہاں استاد کے متعلق نوری صاحب کو اِتنا مواد

ہاتھ آگیا کہ بجائے مضمون کے ایک کتاب تیار ہوگئی جو دلچسپی اور معلومات دونوں نقاط نظر سے قابل قدر ہے۔ حضرت داغ دہلوی کی ہستی اتنی رفیع الشان ہے کہ اُن پر ابھی اور لکھنے کی گنجایش ہے اور کیا تعجب ہے کہ خود نوری صاحب اِس موضوع پر کام جاری رکھیں اور کسی وقت اسی زیر نظر کتاب کا دوسرا مکمل ایڈیشن شایع کریں جو فصیح الملک نواب مرزا خاں داغ کے مکمل سوانح حیات کا کام دے سکے۔

بحالت موجودہ بھی ادب سے دلچسپی رکھنے والوں کے لئے یہ کتاب بے حد غنیمت ہے اور اہل اُردو کو نوری صاحب کا شکر گزار ہونا چاہیے کہ اُنھوں نے ایک ایسے موضوع کی طرف توجہ کی جو ابھی بہت تشنہ ہے اور ضرورت تھی کہ اُس پر قلم اُٹھایا جاتا۔

اِس کتاب کو دس فصلوں میں تقسیم کیا گیا ہے جن میں داغ کے حالاتِ زندگی اُن کا ماحول، ان کی شاعری کے محرکات، ان کا مقصد اور فلسفہ زندگی، مقامی عناصر اُسلوب بیان، اور تلامذہ وغیرہ پر وضاحت سے بحثیں کی ہیں۔ ان سب میں دو عنوانات کے تحت (یعنی داغ کی شاعری کا مقصد اور فلسفہ زندگی اور داغ کا ہندوستانی زبان میں تعمیری حصہ) ضروری اور نئی معلومات خوبی سے پیش کی گئی ہیں۔

حالاتِ زندگی کا حصہ ابھی تشنہ ہے ان کے والد اصل میں رئیس فیروز پور جھرکہ تھے۔ لوہارو کے رئیس اُن کے چچا نواب امین الدین احمد خاں تھے۔ نواب شمس الدین احمد خاں لوہارو کے رئیس کبھی نہ رہے۔ اِس سلسلہ میں اس امر کی ضرورت تھی کہ داغ کے آبا و اجداد کا ذکر وضاحت سے کیا جاتا اور مرزا غالب سے اُن کو

جو قریبی رشتہ تھا وہ بھی دکھلایا جاتا کیونکہ عام طور پر داغ کے خاندان کے متعلق غلط فہمیاں اور بدگمانیاں پھیلی ہوئی ہیں۔

مولوی نوری صاحب نے اس کتاب کے دیباچہ میں بعض ایسے اُمور کا تذکرہ کیا ہے جو اِس موضوع اور کتاب کے شایانِ شان نہیں تھے۔ ایسا معلوم ہوتا ہے کہ مولف نے متن کتاب میں داغ کی جو کچھ خوبیاں بیان کی ہیں اور ان کی شخصیت کو جس قدر عظیم الشان ثابت کیا ہے دیباچہ میں اُن سب کا تخلیہ کیا ہے گویا ایک ہی کتاب میں دو مختلف موضوعوں پر مباحثہ پیش کیا گیا ہے۔ کتاب کا موضوع تو یہ ہے کہ ایک اعلیٰ پایہ کا شاعر اپنی زبان اور ملک و قوم کی کس خوبی سے خدمت کر سکتا ہے لیکن دیباچہ میں یہ لکھا ہے کہ بڑے سے بڑے شاعر کے مقابلہ میں ایک معمولی سپاہی کو بھی اَدب کی خدمت میں افضلیت حاصل ہوتی ہے۔ نوری صاحب فردوسی اور سلطان محمود غزنوی کا تذکرہ کر کے لکھتے ہیں:۔

”اُس (محمود غزنوی) کا ایک ادنیٰ سپاہی بھی اَدب کی خدمت کرنے میں فردوسی سے چار قدم آگے تھا“۔ اس عجیب و غریب بحث کو جاری رکھتے ہوئے مولف نے لکھا ہے کہ۔

”اگر عہدہ دار اور اس کے ماتحتین عمدگی سے اپنے فرائض کو بجالا رہے ہیں تو وہ اپنے اَدب اور زبان کی بنیادوں کو مستحکم کر رہے ہیں“۔ غرض کتاب کا پورا مقدمہ یعنی تقریباً بیس صفحات اسی عجیب و غریب ذہنیت اور انتشارِ خیال کے نذر کر دیے گئے ہیں اسکو پڑھنے کے بعد کتاب کے متعلق بری خراب رائے قائم کرنی پڑتی ہے حالانکہ اصل کتاب نہایت سنجیدہ دماغی اور صحیح نقد و نظر سے لکھی گئی ہے اور اس قابل ہے کہ اُردو شعر و سخن کا ذوق رکھنے والے اِس کے مطالعہ سے مستفید ہوں۔

فلسفۂ عجم

(تبصرۂ فلسفۂ عجم مطبوعہ مجلۂ عثمانیہ بابت جون ۱۹۳۶ء)

یہ کتاب اُردو کے مایہ ناز شاعر ڈاکٹر سر محمد اقبال کی مشہور انگریزی کتاب کا اُردو ترجمہ ہے جس کو جامعہ عثمانیہ کے ایک طیلسانی مولوی میر حسن الدین صاحب بی۔ اے۔ ایل۔ ایل بی نے آٹھ سال قبل مکمل کر لیا تھا لیکن اُردو زبان کی طباعتی دقتوں کے باعث اَب تک مسودہ کی حالت میں پڑا رہا اور اَب مولوی تصدق حسین صاحب تاج (مالک احمدیہ پریس) کی کوششوں سے شایع ہوا ہے۔

میر حسن الدین صاحب اُن قابل فخر فرزندان جامعہ عثمانیہ میں سے ہیں جنھوں نے اپنی سنجیدہ اور اعلیٰ علمی خدمات کی وجہ سے اپنی مادر جامعہ کی علمی شہرت قائم کر دی اور جو بغیر کسی سرپرستی یا قدردانی کے محض علم کی خدمت اور ذاتی شغف کی بنا پر مسلسل سرگرم عمل ہیں اُن کی دوسری کتابیں (۱) مبادی فلسفہ اور (۲) فلسفہ برگساں عرصہ ہوا شایع ہو چکیں۔ اول الذکر میں فلسفہ کے مسائل و نظریات اور فلسفۂ جدید کے مختلف مکاتب کو سلیس اور عام فہم زبان میں پیش کیا گیا ہے۔ موخر الذکر کتاب مشہور فرانسیسی فلسفی ہنری برگساں کے فلسفیانہ نظریات کی تشریح و توضیح کرتی ہے اور اس میں خاص کر اس کے نظریۂ اِرتقائے تخلیق پر بحث کی گئی ہے۔ اُن کی دو کتابیں (۱) مذہب و عقلیات عصر جدید میں اور (۲) مقالات فلسفہ اِس وقت زیر طبع ہیں

اَدبی تاثرات — فلسفۂ عجم

ڈاکٹر اقبال کی اصل کتاب فلسفۂ عجم آج سے چھبیس ستائیس سال قبل لکھی گئی تھی علم وفضل کی فضا میں عہد حاضر میں آئے دن جو جدید ترین تحقیقات اور تصنیفات شایع ہوتی رہتی ہیں اُن کے لحاظ سے یہ کتاب تقویم پارینہ سمجھی جا سکتی تھی لیکن اِس عالمِ تغیر میں بھی بعض کتابیں تاریخی اہمیت حاصل کر لیتی ہیں اور یہی حال اِقبال کی "فلسفۂ عجم" کا ہے۔ اگرچہ خود ان کے خیالات میں بہت اِنقلاب پیدا ہو چکا ہے اور اگر وہ اس کتاب پر نظر ثانی کرنے بیٹھیں تو ممکن ہے کافی تغیر و تبدل رُونما ہو جائے تاہم اس کتاب کی چند خصوصیات ایسی ہیں جو متعلمین فلسفہ کے علاوہ اَدبیات کے اہل ذوق کے لئے بھی دلچسپی سے خالی نہیں۔

اِس کتاب میں اقبال نے ایرانی قوم کی مخصوص روح اور اُس کی خاص سیرت کو بے نقاب کرنے کے علاوہ تصوف کے متعلق نہایت حکمیاتی (سائنٹیفک) بحث کی ہے۔ یہ ایسے موضوع ہیں جن پر اُردو زبان میں کوئی قابلِ ذکر تصنیف موجود نہیں ہے۔ اس لحاظ سے میر حسن الدین صاحب کی یہ کوشش قابلِ قدر ہے اور اس کا مطالعہ نہ صرف فلسفہ کے اہلِ ذوق بلکہ اَدبیات اُردو اور خاص کر شاعری سے دلچسپی رکھنے والوں کے لئے ضروری ہے کیونکہ سارا اُردو اَدب فارسی تخیلات و معتقدات اور تصوف کی جھلکوں سے معمور ہے اور جو اَربابِ اُردو اپنے اَدب کو صحیح نقطۂ نظر سے سمجھنا چاہتے ہیں وہ اس کتاب کے مطالعہ سے مستفید ہوں گے۔

مکتُوبَاتِ امجد

(تبصرۂ مکتوبات امجد مطبوعہ مجلۂ عثمانیہ بابت جون ۱۹۳۶ء)

حیدرآباد کے مشہور شاعر سید احمد حسین صاحب آمجد کے چند خطوط کا مجموعہ ہے جو مولوی نصیرالدین صاحب ہاشمی اور ان کے عزیزوں کو لکھے گئے ہیں۔ اور ہاشمی صاحب ہی نے ان کو مرتب کر کے شایع کیا ہے۔ اگر امجد صاحب کے وہ خطوط بھی درج کر دیے جاتے جو ہاشمی صاحب کے علاوہ دیگر اصحاب کو لکھے گئے ہیں تو اس کتاب کی دلچسپی میں اِضافہ ہو جاتا۔ بحالتِ موجودہ بھی یہ مجموعہ کم دلچسپ نہیں ہے۔ حضرت آمجد کا اسلوب بیان نہایت شگفتہ ہے ان کی تصنیفات کا مطالعہ نوجوانوں میں زندگی کے علاوہ ایک خاص تڑپ پیدا کر دینے کا باعث ہوتا ہے جس کے بغیر کوئی قوم ترقی نہیں کر سکتی۔ یہ خطوط ضرورتاً لکھے گئے تھے اور اُن کے مصنف کو خیال بھی نہ ہوگا کہ یہ چھاپے جائیں گے یہی وجہ ہے کہ اُن کے اسلوب میں اُس کیف کی کمی ہے جو نثر امجد کی خصوصیت ہے۔ چونکہ اُردو میں مکتوبات بہت کم ہیں اور ہاشمی صاحب نے ایک بلند پایہ شاعر اور انشا پرداز کے خطوط شایع کئے ہیں اس لئے اُن کی یہ سعی قابل شکریہ ہے۔ اگر اِسی طرح دوسرے مصنفین و شعرا کے خطوط بھی

ادبی تاثرات مکتوباتِ امجد

منظرِ عام پر آجائیں تو اُردو ادب کا ذخیرہ ایک مفید عنصر سے مالامال ہوجائے۔

کسی شخص کے خطوط کا اُس کی زندگی میں شایع ہوجانا بعض دفعہ اُس کے حق میں مضر ثابت ہوتا ہے اور کیا تعجب ہے کہ حضرت امجد کی شخصیت کے متعلق بھی ان خطوط کی وجہ سے حاسد اور نکتہ چین طبیعتوں کو بعض غلط فہمیاں پیدا کرنے کا موقع مل جائے۔

تمدنِ عتیق

(تبصرہ مطبوعہ مجلۂ عثمانیہ بابت جون ۱۹۳۶ء)

حیدرآباد میں کلیہ جامعہ عثمانیہ کے بعد سٹی کالج ہی وہ ادارہ ہے جہاں کے اساتذہ اور طلبہ تصنیف و تالیف میں سرگرم ہیں اور اس سرزمین کی عہد حاضر کی علمی و ادبی چہل پہل میں نمایاں حصہ لے رہے ہیں۔ زیر نظر کتاب بھی وہیں کے دو اساتذہ مولوی ابوظفر عبدالواحد صاحب ایم۔ اے اور مولوی محمد عطاء الرحمٰن صاحب بی۔ اے کی مشترکہ کوشش کا نتیجہ ہے۔ یہ نہایت اہم اور ضروری موضوع پر قلمبند کی گئی ہے اور اگرچہ کوشش کی گئی ہے کہ اس کا اسلوب خشک اور ٹھوس علمی نہ ہونے پائے لیکن اس میں وہ لوچ اور شگفتگی نہیں پیدا ہو سکی جو قنوطیت (مصنفہ میر ولی الدین) اور فلسفہ عجم (مترجمہ میر حسن الدین) میں پائی جاتی ہے۔ یہ چیز مشق و مزاولت سے پیدا ہوتی ہے۔

اس کتاب میں جگہ جگہ عربی و فارسی کی ایسی عجیب و غیر معروف ترکیبیں اور الفاظ اور اسلوب میں نیرنگی نظر سے گذرتی ہے جو ادب کی عام کتابوں میں تو کجا فلسفہ و نفسیات کی فنی کتابوں میں بھی نہیں پائی جاتی۔ بعض جگہ اندیشہ ہوتا ہے کہ قابل مؤلفین نے شاید مرزا غالب کی دقت پسندیوں کی نثر میں تقلید کی ہے اور خیالات کے ادا کرنے کے عام اور معروف طریقوں کو چھوڑ کر نئے راستے اختیار

کرنے کی کوشش کی ہے۔ لیکن اس قسم کی کتابوں کا اسلوب شگفتہ ہونا چاہیے۔

تمدن عتیق کی لکھائی چھپائی پاکیزہ ہے لیکن معلوم نہیں کہ بچوں کی نصابی کتابوں کی طرح اس علمی وسنجیدہ کتاب کی کتابت اس قدر کھلی اور خط اتنا موٹا کیوں رکھا گیا ہے؟

کتاب نہایت مفید اور پُراز معلومات ہے۔ متعدد تصاویر بھی ہیں جن کی وجہ سے اس کی دلچسپی اور افادیت میں اضافہ ہوگیا ہے۔ ابتدا میں سٹی کالج کے قابل صدر اور حیدر آباد کے مشہور ماہر تعلیم مولوی سید محمد اعظم صاحب کا (آٹھ صفحات کا) ایک پیش لفظ بھی ہے جس میں اس موضوع کی اہمیت کے متعلق نہایت شستہ اور شگفتہ طریقہ پر بحث کی گئی ہے۔ اس میں کوئی شک نہیں کہ یہ بالکل اچھوتا اور دلکش موضوع ہے اور اُردو میں اس موضوع پر لکھ کر جہاں مولفین نے اولیت حاصل کرلی ہے اُردو زبان کی بھی ایک قابل قدر خدمت کی ہے۔

کتاب کے آخر میں اشاریہ (انڈکس) اور فرہنگ اِصطلاحات کی بھی ضرورت تھی۔ نیز اُن ماخذوں کا اظہار بھی لازمی تھا جن سے مستفید ہوکر ایسی مفید کتاب مرتب کی گئی ہے۔ یہ سب اس وقت ہوتا جب مولفین کتاب کے متعلق ایک دیباچہ یا تمہید لکھنے کی بھی زحمت گوارا کرتے۔ بحالتِ موجودہ "تمدن عتیق" "ناقص الاول والاخر" معلوم ہوتی ہے۔

بربطِ ناہید

(تبصرہ مطبوعہ سب رس بابتہ مئی سنہ ۴۹ء)

یہ حسین و جمیل کتاب مجموعہ ہے جہاں بانو بیگم ایم۔اے کے خطوط کا جو موقع بموقع ماہ نامہ شہاب میں شایع ہوتے رہے ہیں۔ اُس وقت بھی ان خطوں کا طرزِ نگارش بتاتا تھا کہ یہ کس کی تراوش قلم ہیں اور اب بھی کہ مصنفہ نے ایک دلفریب فریب دینے کی کوشش کی ہے۔ اور لکھا ہے کہ "ایک دنیا اس دلفریب غلطی میں مبتلا تھی اور ہے کہ ناہید میرا قلمی نام ہے۔ صاف ظاہر ہوتا ہے کہ اس پردہ میں کون ہے اور لطف یہ ہے کہ ج نقوی ایک حد تک پردہ باقی رکھنا چاہتی ہیں لیکن اُن کی تمہید اور خطوط کی عبارتوں میں یہ پردہ جگہ جگہ اُٹھنے یا گرنے لگتا ہے۔

بربطِ ناہید عہد حاضر کی نسوانی تحریروں کا ایک نفیس نمونہ ہے۔ اَب تک عورتوں کی طرف سے مَردوں نے فرضی خطوط لکھے اور لیلیٰ کے خطوط جیسے مجموعے شایع کئے تھے۔ لیکن اِس کتاب کے مطالعہ کے بعد ثابت ہوتا ہے کہ اَب مَردوں کو صنفِ نازک کی ترجمانی کی ضرورت نہیں یا یوں کہیے کہ عورتیں اَب مرد ترجمانوں سے بے نیاز ہو چکی ہیں۔ نسوانی سینہ میں جذبات کا جو اتار چڑھاؤ رہتا ہے، اُس کی آئینہ داری مرد سے کیونکر ہو سکتی ہے۔ جس پر اپنی جنس کی کثافت کا رنگ چڑھا رہتا ہے۔

اس کے لئے تو کسی نسوانی قلم ہی کی ضرورت ہے۔ اور بربطِ ناہید کی مصنفہ نے اپنے خطوط کی رعنائی اور رنگینی کے ذریعہ سے ثابت کر دیا کہ واقعی صنفِ نازک کے دل کی گہرائیوں تک پہنچنا اور عہد حاضر کے تعلیم یافتہ بتانِ طنّاز کو سمجھنا آسان کام نہیں ہے۔ اِس مجموعۂ رنگا رنگ کے مطالعہ کے بعد نہ معلوم ان زاہدانِ خشک اور پروفیسرانِ برخود غلط کے چہروں کا کیا رنگ ہو جو عورتوں کی تعلیمی ترقی اور انشا پردازانہ کمال کا اَب بھی اِعتراف نہیں کرنا چاہتے۔

پریم رس

(تبصرہ مطبوعۂ سب رس بابت ستمبر ۱۹۴۲ء)

ڈاکٹر محمد عباس علی خاں صاحب لمعہ حیدر آبادی کے ان مضامین کا مجموعہ ہے جو ٹیگور کے رنگ میں لکھے گئے ہیں۔ اس کتاب کا دیباچہ حکیم محمد یوسف حسن صاحب ایڈیٹر نیرنگِ خیال لاہور نے لکھا ہے اور کتاب بھی اُنہی نے اپنے اہتمام سے لاہور میں چھپوائی ہے۔

ابتدا میں مصنف کا ڈیڈیکیشن ہے جس میں اس مجموعہ کو علامہ سر محمد اقبال مرحوم کے نام معنون کیا گیا ہے اور اس اَمر کی طرف اشارہ کیا گیا ہے کہ مصنف کے خیالات میں زندگی اور زندہ دلی اقبال ہی کے فیض سے پیدا ہوئی ہے۔

جیسا کہ دیباچہ میں ایڈیٹر صاحب نیرنگِ خیال نے لکھا ہے "ملک کے ہزاروں نوجوانوں نے ٹیگور کے اَدبی رنگ کو اپنا بنانے کی کوشش کی ہے مگر اُن میں سے کسی کو بھی کامیابی نہیں ہوئی۔ لیکن ڈاکٹر لمعہ کی ذات مستثنیات سے ہے۔ آپ کی یہ اَدبی کاوش ٹیگوریت کا جامہ اس خوبی سے اُوڑھے ہوئے ہے کہ اگر ڈاکٹر لمعہ کا نام بعض عبارتوں کے نیچے سے خارج کر دیا جائے تو اُن پر ٹیگور کی تحریر کا شبہ ہونے لگتا ہے۔ اس لئے اگر یہ کہا جائے کہ ہندوستان بھر میں ڈاکٹر لمعہ کو ہی سر رابندر ناتھ ٹیگور کی رُوحانی شاگردی کا فخر حاصل ہے تو اسے ایک حقیقت سمجھا جائے گا۔"

ڈاکٹر لمعہ اَدیب کے علاوہ ایک اچھے نظم گو شاعر بھی ہیں چنانچہ اُن کے کلام کا

ادبی تاثرات — پریم رس

کچھ نمونہ اور خصوصیاتِ سخن پر تبصرہ اِدارۂ اَدبیاتِ اُردو کے مشہور تذکرہ مُرقعِ سخن جلد دوم میں شایع ہو چکا ہے اور معلوم ہوا ہے کہ اُن کے کلام کا مجموعہ بھی آج کل زیرِ طبع ہے اور قریب میں شایع ہو کر منظرِ عام پر آجائے گا۔ اگرچہ اُن کی نثر میں بھی ایک طرح کی اَدبی حلاوت موجود ہے لیکن اِظہارِ خیال کے لئے اُنھوں نے ٹیگور کی تقلید میں جو پیرایۂ بیان اختیار کیا ہے وہ نوجوانوں میں لاکھ مقبول سہی لیکن اُردو اَدب کے موجودہ رجحانات میں کسی مفید صنف کا اِضافہ نہیں کرتا اور تمعہ جیسے صاحب غور و فکر اَدیبوں کو دیکھ کر نوسیکھ انشا پردازوں کے اس راہ میں بھٹک جانے کا اندیشہ ہے اگر ان مضامین کی جگہ ڈاکٹر تمعہ اَفسانوں کے ذریعہ سے اپنے تاثرات کو پیش کرتے تو یقین ہے کہ اُردو اَفسانہ نگاری میں کچھ نہ کچھ اِضافہ ضرور ہوتا۔

بہر حال یہ کتاب پریم رس اِس قسم کے دوسرے تخیلی مجموعوں کے مقابلہ میں بہت بہتر ہے اور اَدبِ لطیف کا ذوق رکھنے والوں کے لئے ایک بڑی نعمت ثابت ہوگی۔

مُحبتُ کی چھاؤں

(تبصرہ مطبوعہ سب رس بابتہ فروری ۱۹۴۲ء)

حجم ۱۳۲ صفحات قیمت عہ ۔ مرزا المظفر الحسن صاحب بی ۔ اے عثمانیہ کے بارہ اَفسانوں کا مجموعہ ہے جو کسی دلنواز کے نام معنوَن کیا گیا ہے ۔ اور اِدارۂ اَدبیاتِ اُردو کی طرف سے شایع ہوا ہے ۔ اِس کا تعارف پروفیسر سروری صاحب نے لکھا ہے جو قصہ نگاری کے فن کے متعلق ایک خاص بصیرت رکھتے ہیں ۔ یہ عجیب بات ہے کہ اس ادارہ کی طرف سے شایع کئے ہوئے پہلے مجموعے "من کی دُنیا" کی طرح "محبت کی چھاؤں" بھی نوجوانی کے البیلے پن اور شباب کی رعنائیوں سے مالامال ہے ۔ فرق اس قدر ہے کہ "سن کی دنیا" کا مصنف اپنے محبوب کو دور سے دیکھتا ہے اور اس کے الھڑپن سے اُس کو سابقہ نہیں پڑا ۔ محبت کی چھاؤں کا مصنف اپنے دلنواز سے کھیلتا ہے اور بعض جگہ اس کے ناز و انداز کا مضحکہ بھی اُڑاتا ہے ۔ اُس کے اَفسانے زندگی سے بہت قریب ہیں وہ باتیں بات پیدا کرنا چاہتا ہے ۔ اُس کے مکالمے شگفتہ اور بے باک ہیں ۔ اس کا دلنواز کسی کالج کا نیم تعلیم یافتہ بتِ طناز ہے جس میں نہ ادائے کافرانہ ہوتی ہے اور نہ شانِ دلبرانہ یہی وجہ ہے کہ اَفسانہ نگار قدیم طرز کے عاشقوں اور عقیدت مندوں کے شیوے کے برخلاف اس کو جگہ جگہ چھیڑتا اور برابر کی چوٹ کرتا چلا جاتا ہے ۔ اَفسانوں کا یہ مجموعہ صحیح معنوں میں اُس ماحول کا ترجمان ہے جس میں آج کل

کے تعلیم یافتہ نوجوان لڑکوں اور لڑکیوں کی زندگیاں بسر ہو رہی ہیں. جن نوشبابوں نے اِس کوچے میں کبھی قدم رکھا ہے وہ جب اِن افسانوں کو پڑھیں گے تو انھیں ان میں سے اکثر خود اُن کی آپ بیتی نظر آئیں گے۔ اور جو لوگ اِس دور سے گزر چکے ہیں وہ اِن افسانوں کے مطالعہ سے معلوم کریں گے کہ مرزا ظفر الحسن صاحب تقلیدی مصنف یا اُفسانہ نگار نہیں ہیں۔ ان میں جدت اور قوتِ تخیل کی ایسی فراوانی ہے کہ قدیم طرز افسانہ نگاری سے ہٹ کر انھوں نے اپنے لئے ایک نیا میدان نکال لیا جو نہ تو جدید شبابیاتی اور یک گونہ عریاں اُدب میں شمار کیا جا سکتا ہے اور نہ قدیم عشق عاشقی کے اُفسانوں میں شامل ہو سکتا ہے۔ یہی وہ اِنفرادی خصوصیت ہے جس کی وجہ سے یہ کتاب یقیناً مقبول ہوگی۔

ڈاکٹر محی الدین قادری زورؔ

سید محی الدین قادری زور
کی ایک یادگار کتاب

سیرِ گولکنڈہ

بین الاقوامی ایڈیشن
منظر عام پر آچکا ہے